中小学语文古诗文选篇研究

张春秀 孙昌营 编著

2022年贵州省教育科学规划课题立项项目"统编版中小学语文古诗文选篇特征及教学建议研究"（项目编号：2022B058）成果

2022年度贵州省筑牢中华民族共同体意识研究基地项目"文化自信背景下中学语文文白当代价值研究——以黔南民族地区为例"（项目编号：QNSYJD202223）成果

黔南州2021年教育科学规划课题立项项目"统编语文教材古诗文选篇语言文字教育研究"（项目编号：2021B009）成果

黔南民族师范学院汉语言文学国家一流专业建设项目成果

四川大学出版社

图书在版编目（CIP）数据

中小学语文古诗文选篇研究 / 张春秀，孙昌营编著
．— 成都：四川大学出版社，2023.11
ISBN 978-7-5690-6139-0

Ⅰ．①中… Ⅱ．①张… ②孙… Ⅲ．①古典诗歌－中国－教学研究－中小学②文言文－教学研究－中小学
Ⅳ．① G633.302

中国国家版本馆CIP 数据核字（2023）第 089175 号

书　　名：	中小学语文古诗文选篇研究
	Zhongxiaoxue Yuwen Gushiwen Xuanpian Yanjiu
编　　著：	张春秀　孙昌营

选题策划：徐　凯
责任编辑：徐　凯
责任校对：毛张琳
装帧设计：墨创文化
责任印制：王　炜

出版发行：四川大学出版社有限责任公司
　　　　　地址：成都市一环路南一段 24 号（610065）
　　　　　电话：（028）85408311（发行部）、85400276（总编室）
　　　　　电子邮箱：scupress@vip.163.com
　　　　　网址：https://press.scu.edu.cn
印前制作：四川胜翔数码印务设计有限公司
印刷装订：四川煤田地质制图印务有限责任公司

成品尺寸：170mm×240mm
印　　张：13.5
字　　数：236 千字

版　　次：2023 年 11 月 第 1 版
印　　次：2023 年 11 月 第 1 次印刷
定　　价：68.00 元

本社图书如有印装质量问题，请联系发行部调换

版权所有　侵权必究

扫码获取数字资源

四川大学出版社
微信公众号

前 言[①]

汉语是中国的主要语言，也是汉藏语系的一个语族，属于孤立语或分析语结构类型，和藏缅语族、侗台语族、苗瑶语族是亲属语言。作为通用语，历史上汉语被称为"雅言""官话""国语""国文""普通话"等，其口语的形式差异比较大，现代主要有北方方言、湘方言、粤方言、闽方言、客家方言、赣方言、吴方言、晋方言、徽方言、平话等10个方言区。

汉语是世界上最发达、最丰富的语言之一，使用人数最多，形成了丰富的文献。从时间轴上看，汉语可分为古代汉语和现代汉语。和现代汉语相比，古代汉语离我们比较远。学习古代汉语是一项后人坚定文化自信、继承传统文化、创造性转化、创新性发展的国家重要战略。

一、古代的汉语概念

古代汉语有广义、狭义之分。广义的古代汉语是指五四运动之前的汉语，包括远古、上古、中古、近古几个阶段，有两个系统：一是文言文系统，即以先秦口语为基础形成的上古时期的书面语以及后人仿古作品中的语言，以十三经、子学著作、宗教典籍等为代表；二是古白话系统，即指汉魏六朝以来以北方话为基础形成的书面语言，以唐代变文、敦煌通俗文学作品、禅宗语录、宋人话本、金元戏曲、明清小说等代

[①] "前言"以《古代汉语的"新时代"》为题发表在《科学咨询》（教育科研）2023年第4期，收入本书有删改。

表。狭义的古代汉语一般指文言文系统，即我们平时所说的古代汉语。本书中的古代汉语采用广义的概念，即文言文和古白话。

古代汉语内容广泛，涉及文化、政治、经济、宗教、建筑、医药、军事、哲学、天文、地理、名物、典章制度等，是古代人民生活生产的缩影，也是我们了解古代、吸收先人智慧的重要工具。

二、古代汉语在语文教育中的地位

语文教育在我国历史悠久，各个朝代都有相关的教育机构。如尧舜时的上庠、下庠，禹时的东序、西序，战国时的稷下学宫，殷商时的左学、右学，西周时的辟雍、泮宫，周代的小学、大学，汉魏的太学，晋代的国子学，南北朝的学馆，宋元明清的书院，现代的学院、大学等，都是历代国家培养人才、输送人才的地方。

我国的语文教育可以分为三个阶段：古代语文教育阶段（1840年以前）、近代语文教育阶段（1840—1949年）、现代语文教育阶段（1949年以来）。具体表现形态为：原始社会的语文教育（姑且称之为语文教育）为"言文"教育或"潜语文教育"，奴隶社会和封建社会的语文教育为"古文"教育或"前语文教育"，社会主义社会的语文教育为"社会主义核心价值观教育"。随着时代的变革，各个时期语文教育的内容和培养目标也不一样。我国的语文教育基本以儒家经典为主线，以子学和宗教典籍为副线和补充。古代的语文教育主要为国家培养治才、通才；民国时期的语文教育主要培养应用技术、学术研究人才；中华人民共和国成立以后的语文教育实行分科教育，主要培养全心全意地为社会主义服务的高级建设人才；改革开放至今的语文教育主要复合型、跨学科的"新时代"社会主义接班人和建设者。

五四以前，语文教育基本上是文言文占优势；五四以后，白话文占优势。在语文教育中，不管是文言时代还是白话时代，古代汉语都起着传播教育和传承文化的作用。尤其是现在，要实现中华民族伟大复兴，实现文化强国的梦想，就离不开优秀传统文化的传承、吸收、发展和创新。而传统文化语言的基本表现形态就是古代汉语，包括文言和白话。

我国的分科教育始于19世纪60年代，20世纪30年代基本定型。

担当着母语教育任务的语文教材也是一变再变,从一纲一本到一纲多本,再到现在的一纲一本,都是国家意志的体现。每个时代都有每个时代的任务,每个时代都有每个时代的学术,古代汉语是现代汉语取之不尽、用之不竭的宝藏,是现代汉语发展创新的基础,可以说,在当代,古代汉语已经走入了"新时代"。

三、古代汉语的"新时代"

2017年,党的十九大宣布中国特色社会主义进入"新时代"。要想在"新时代"占有一席之地,古代汉语只有借助现代汉语,与时俱进,不断改造、升级,与现代汉语整合,发挥传承中华民族优秀传统文化的价值。

(一)古代汉语与文化自信的关联

2014年以前,国内学术界关于"文化自信"的研究更多地以介绍和归纳中国共产党的文化建设路线为主,2014年以后,习近平总书记明确提出了"文化自信"的时代命题。

百年前的今天,延续数千年的文言文终于在19世纪末20世纪初发出绝响。尽管陈寅恪有"中国文学当以文言为正宗"的论断,但文言最终还是让位于白话。白话文通俗易懂,便于学习、接受和应用,极大地方便了人们的交往。百年以来,文言文几乎没有了生存空间。正如王文元所说:"白话文游戏已做腻,越来越多的人对文字采取敬而远之的态度(年轻人只喜欢'读图',不喜欢'读字')。以写文章擅胜的民族正沦落为故事虫(尽失东方文学优势)。……白话文的一统天下,意味中国的史书不再连贯。任何口语都随时尚而变,千年之后的华夏后裔读白话文写成的史籍将如读天书,难解其意,文明从此戛然而止。中国五千年历史主要由文言文写就,谙熟文言文的人却越来越少。如此下去,百年之后,精通文言文者将成为稀有专家。那时华夏子孙就真要'不知有汉,无论魏晋'了!外国人将不会再羡慕中国悠久的文字历史。这一损失实在难以估算。……文言文乃中国人之信仰,用任何'理'瓦解信仰都是不妥当的。……尼采曾激烈地抨击过现代'进步':一步步走入颓废—这就是我对现代'进步'的定义。……套用尼采妙语：一步步使高雅文学走向枯燥乏味—这就是我对'白话文'的定义。昼长无事，翻阅典籍，心情复又好转，也许恢复文言文只是早晚问题，宝终究是宝，不会因为被遗弃而失其价值。"

（二）古代汉语与师范认证的关联

2017年10月，教育部印发了《普通高等学校师范类专业认证实施办法（暂行）》。该办法秉承以"学生中心，产出导向、持续改进"的理念，分三级五类对现在的师范类专业进行认证，对人才培养方案、自评报告、实践实训、教学大纲、毕业要求、目标达成度等都提出了明确的要求。古代汉语是师范类汉语言文学专业的必修课、工具课、基础课，也属于师范认证的范围。学习古代汉语可以提高师生阅读古籍的能力，强化汉语修养，为继承中国优秀传统文化、实现中国梦打下坚实的基础，为我国成为文化强国添砖加瓦、奉献力量。

《普通高等学校师范类专业认证实施办法（暂行）》通过对教学大纲的编写、修订、完善，明确了培养定位和课程目标，并提出利用多种渠道、多种方法、多种资源让古代汉语更接地气，更符合现代人们学习的需求，从古代的教学相长到新中国成立后的教学研，再到目前的教学研用四位一体，可以看出对古代汉语的重视逐渐加深。

（三）古代汉语与"新文科"的关联

2018年5月，教育部提出包括"新文科"在内的"四新"建设倡议；2018年6月，教育部召开"新时期全国高等学校本科教育工作会"，指出"建设高水平本科教育"要"加强文科创新发展"；2018年10月，教育部决定实施"六卓越一拔尖"计划2.0，其中基础学科拔尖计划在数学、物理学、化学、生物科学、计算机科学的基础上，增加了包括心理学、哲学、中国语言文学、历史学等在内的文科内容；2019年4月启动的"双万计划"即"双一流专业"计划；2019年4月启动的"六卓越一拔尖计划2.0"，要求全面推进"四新"建设，全面实现高等教育内涵式发展；2019年6月，教育部高等教育司司长特别强调一定要让"新文科"这个翅膀硬起来；2020年1月13日实施的"强基计划"；2020年11月公布的《"新文科"宣言》等，这一系列举措均与"新文科"密切相关，而文言文作为文科的内容，其在"新文科"建设中的重要性自然不言而喻。

简单来说，"新文科"就是传统文科的升级、改造、重组、重合。古代汉语作为传统文科的主要内容，要打破学科壁垒，以"新文科"理念为背景，建立与当下的联系，重新走入人们的视野，深入人们的生活，"死而复生"，活跃起来，为坚定文化自信、实现中国梦、走向文化强国添砖加瓦。

（四）古代汉语与国家战略的关联

2014年3月27日，习近平总书记在联合国教科文组织总部的演讲《文明交流互鉴是推动人类文明进步和世界和平发展的重要动力》中指出："每一种文明都延续着一个国家和民族的精神血脉，既需要薪火相传、代代守护，更需要与时俱进、勇于创新。中国人民在实现中国梦的进程中，将按照时代的新进步，推动中华文明创造性转化和创新性发展，激活其生命力，把跨越时空、超越国度、富有永恒魅力、具有当代价值的文化精神弘扬起来，让收藏在博物馆里的文物、陈列在广阔大地上的遗产、书写在古籍里的文字都活起来，让中华文明同世界各国人民创造的丰富多彩的文明一道，为人类提供正确的精神指引和强大的精神动力。"

经过几千年的发展演变，中华文化形成了不同历史时期的中华传统文化、革命文化以及中国特色社会主义文化，这三这相辅相生、一脉相承。中华民族悠久的传统文化是我们文化自信的"根"和"魂"；浓厚的革命文化（红色文化）是我们文化自信的精神支柱和重要渊源；正在蓬勃发展的社会主义先进文化是我们文化自信的大本和大源。

我们知道，中华传统文化是在文言和古白话的基础上形成的，革命文化和中国特色社会主义文化是在新白话的基础上形成的。文言与白话、古白话与新白话的纷争乃至断裂促使我们思考中国文化从哪里来、到哪里去，如何才能打通文言与白话的隔阂。发生于19世纪末20世纪初的白话文运动对于唤醒民众、普及文化、发展教育、建设新文化等起到了关键作用。百年后的今天，白话文的使命已基本完成，但文言也几乎荡然无存，这导致文献与文献之间出现了分裂，让很多研究者在继承和发扬中国传统文化的道路上无所适从。对需要走向文化强国的中国来说，怎样让古书里的"死文字"活起来，挖掘其中蕴含的优秀的传统文化，助力实现中华民族伟大复兴的中国梦，新时代、智能时代给出了很好的答案。

（五）古代汉语与智能时代的关联

1994年互联网进入中国，开启了工业革命4.0的智能时代。视频、音频、大数据、云计算、可视化影像、语料库文献、检索文献、虚拟技术、基因工程等这些时代的关键词使古代汉语焕发出新的生机，语言的载体不再局限于纸质文本，而是从声波到光波再到如今的电波。各种数据库、平台、搜索引擎、电视、电影等，智能语言被人类和机器共享，学习和传承更方便、直接，这些新的载体的出现使学习古代汉语已不再让人们谈古色变、望而却步，每个人都可以通过各种智能手段学习、运用古代汉语，可以说当前古代汉语已经走入了多样化、多方式、多角度、智能化学习的"新时代"。

结　语

中小学语文教育是一个国家学历教育的基础，是国家传承母语、增强文化自信的必然渠道。近年来，教育部出台了一系列政策制度，以保证基础教育的质量，为培养高素质人才打下坚实的基础。不管是2017年发布的《普通高中语文课程标准和课程方案》（2020年修订），2021年上半年出台的"睡眠令"，2021年下半年颁布的"双减"政策，还是2022年上半年发布的"新时代基础教育强师计划"、2022年上半年修订的义务教育语文课程标准和课程方案，均说明国家对中小学语文教育的重视程度。

本书主要以中小学语文教材古诗文为研究对象，探讨了古诗文注释及比较、选篇统计、单元设置、古诗词教学路径、插图、编写体例等内容，以期为统编本中小学语文教材使用者提供一些帮助。

目　录

上篇　高中语文古诗文选篇研究

人教版高中语文文言文"三字"注释情况探究 …………张春秀（ 3 ）
统编本高中语文必修上册古诗文选篇分析 ……张春秀　张　婷（ 9 ）
两套高中语文必修上单元设置和选篇比较分析
　　………………………………………………张春秀　吴　敏（17）
人教版高中语文文言文"三字"注释考辨 ……秦　越　马媛媛（26）
造字理据引入统编高中语文古诗词教学路径研究 ………刘美霞（32）
据境索义法在高中文言文实词教学中的应用 …李　杰　张春秀（41）
散文教学中的"以读促写"教学初探
　　——以《鸿门宴》为例 ………………………………陆光梅（48）
以"图"促"文"，"图"思泉涌
　　——以统编高中语文教材古诗文插图为例 …………王姣姣（58）
浅析劝谏类文言文对口语交际教学的意义
　　——以统编版高中语文必修下册为例 ………………何小兰（63）
统编版与人教版高中语文必修教材古文注释比较研究 …梁婷婷（74）

中篇　初中语文古诗文选篇研究

古诗词典故教学路径探究
　　——以部编版初中语文教材为例 ……………吴　敏　张春秀（97）
部编本初中语文古诗文注释探究及其他 ………张春秀　刘　雍（104）

统编本初中语文古诗文选篇统计分析 ············ 张春秀　王伶俐（116）
统编版初中语文教材编写体例分析
　　——以七年级下册为例 ················ 李　杰　张春秀（123）
部编版初中语文教材文言文注释商榷 ············· 李　路（129）
统编版初中语文古典小说教学研究 ··············· 孙　铵（137）

下篇　小学语文古诗文选篇研究

统编本小学语文古诗文选篇统计分析 ············ 张春秀　石　倩（153）
统编本小学低年级语文古诗文选篇统计分析 ·· 张春秀　陈贵芬（159）

附　录

说"龙马" ·························· 张春秀　孔杰斌（171）
释"范" ································· 张春秀（176）
释"腊"与"蜡" ·························· 张春秀（181）
说"雄黄" ·························· 张春秀　李双双（187）
释"檗、蘗、柏"
　　——从"黄檗"说起 ················ 张春秀　谭　竹（195）
"云"的前世、今生和未来 ················ 张春秀　卢巴军（199）

后　记 ··· (205)

上篇
高中语文古诗文选篇研究

人教版高中语文文言文"三字"注释情况探究[①]

张春秀[②]

摘　要：古今字、通假字、异体字（简称"三字"）是古代汉语学习的重要内容。本文对人教版高中语文必修1—5册所选42篇（首）文言文"三字"注释情况进行了穷尽性的考察，发现"三字"的注释术语比较混乱，存在误注、漏注、前后矛盾等，认为教师和编写者在"三字"注释方面应持谨慎的态度，最好采取通用的术语或说法，为学生的学习打下良好的基础。

关键词：人教版高中语文；古今字；通假字；异体字

人教版高中语文必修1—5册"阅读鉴赏"部分共选42篇（首）文言文，其中有散文17篇、诗14首、词8首、小说2篇（节选）、曲1首（节选）[③]，体裁丰富，有较强的典型性。具体体裁和篇目见表1。

[①] 本文发表于《科教文汇》（中旬刊）2018年第10期，收入本书有修改。
[②] 张春秀，黔南民族师范学院教授，硕士研究生导师，文学博士。主要研究方向为古代汉语、语言理论、语文教材等。
[③] 人民教育出版社，课程教材研究所，中学语文课程教材研究开发中心，北京大学中文系，语文教育研究所编著．普通高中课程标准实验教科书语文（1、3册）[M]．北京：人民教育出版社，2007年第2版．人民教育出版社，课程教材研究所，中学语文课程教材研究开发中心，北京大学中文系，语文教育研究所编著．普通高中课程标准实验教科书语文（2、4、5册）[M]．北京：人民教育出版社，2006年第2版．以下"三字"注释皆从人教版高中语文必修1—5册42篇文言文中选出，不再出注。

表 1　人教版高中语文（必修）1—5 册文言文篇目

散文（17 篇）	《左传·烛之武退秦师》，《战国策·荆轲刺秦王》，司马迁《史记·鸿门宴》，王羲之《兰亭集序》，苏轼《赤壁赋》，王安石《游褒禅山记》，《孟子·寡人之于国也》，《荀子·劝学》，贾谊《过秦论》，韩愈《师说》，司马迁《史记·廉颇蔺相如列传》，班固《汉书·苏武传》，范晔《后汉书·张衡传》，陶渊明《归去来兮辞》，王勃《滕王阁序》，《庄子·逍遥游》，李密《陈情表》
诗（14 首）	《诗经·氓》，《诗经·采薇》，屈原《离骚》，《孔雀东南飞》，《古诗十九首·涉江采芙蓉》，曹操《短歌行》，陶渊明《归园田居》（其一），李白《蜀道难》，杜甫《秋兴八首》（其一）、《咏怀古迹》（其三）、《登高》，白居易《琵琶行》，李商隐《锦瑟》、《马嵬》（其二）
词（8 首）	柳永《望海潮·东南形胜》《雨霖铃·寒蝉凄切》，苏轼《念奴娇·赤壁怀古》《定风波·莫听竹林打叶声》，辛弃疾《水龙吟·登建康赏心亭》《永遇乐·京口北固亭怀古》，李清照《醉花阴·薄雾浓云愁永昼》《声声慢·寻寻觅觅》
小说（2 篇）	曹雪芹《红楼梦·林黛玉进贾府》，施耐庵《水浒传·林教头风雪山神庙》
曲（1 首）	关汉卿《窦娥冤》

古今字、通假字、异体字是古代汉语特有的语言现象，是学习文言文必备的知识。要弄懂这些基本知识，参考对"三字"的注释是一条捷径。本文通过对人教版高中语文 1—5 册所选 42 篇（首）文言文注释的"三字"情况进行穷尽性的考察，发现注释术语混乱，存在误注、漏注、前后矛盾等情况。下面分述之。

一、注释术语混乱

人教版高中语文必修 1—5 册用字注释共 90 处，注释"三字"的术语有 12 种：同；通；一说；似应作；古×；也写作；也作；×，就是×；史书里作；这里相当于；后作；犹。具体如下："A，通 B"有 56 处，"A，同 B"有 12 处，"A，这里同 B"有 1 处，"一说"有 3 处，"一作"有 1 处，"A，似应作 B"有 1 处，"A，古 B 字"有 2 处，"也写作"有 5 处，"也作"有 2 处，"史书里作"有 1 处，"A，就是 B"或"A 就是 B"有 3 处，"相当于"有 1 处，"后作"有 1 处，"犹"有 1 处。

二、误注

古今字误注为异体字，有尊同樽（4/36）[①]，万几同万机（3/6），见同现（4/63）等。

古今字误注为通假字，有共通供（1/16），说通悦（1/16），知通智（1/17），反通返（1/19），莫通暮（2/15），尔通薾（2/15），错通措（2/18），章通彰（2/18），冯通凭（2/32），生通性（3/48），涂通途（3/47），从通纵（3/50），受通授（3/54），孰通熟（4/58）等。

通假字误注为异体字，有已同矣（1/16），櫌同耰（3/52），畔同叛（4/63），旃同毡（4/63），去同弆（4/63），亡同无（4/63），决同诀（4/64），傅会也写作"附会"（4/66），那同挪（5/5）等。

异体字误注为通假字，有圜通圆（2/18），冥通溟（5/33）等。

连绵字误注为通假字，有郁邑通郁悒（2/18），零丁通伶仃（5/36）等。

连绵字分开来解释，有"不尴尬"，也作"尴尬"或者"不尴不尬"（5/4）等。

三、漏注

漏注的古今字，有舍捨（1/16），厭饜（1/16），奉捧（1/20），华花（2/15），反返（2/18），藏臟（臟脏为繁简字）（2/24），臧藏（2/33），暴曝（3/48），垂陲（5/33），僮童（5/37）等。

漏注的通假字，有旦旦通怛怛（2/15），常通裳（2/15），路通辂（2/15），服通箙（2/16），伏通服（2/18），要通邀（2/23），莘通侁（3/47），亡通无（4/64），培通凭（5/33），决通赽（5/33），辩通辨（5/34，指"辩乎荣辱之境"句）等。

[①] 括号里面的前一个数字表册数，后一个数字表所在页码，下同。

四、同一个词前后注释不一

如已同矣（1/16）、已通矣（5/34）；反通返（1/19）、反返回（2/18）、反后作返（5/33）；连衡也作连横（3/50）、衡通横（5/26）等。

五、可直接译，不必通假

如庭通廷（4/57），庭可直接译为"宫中"[①]；璇机，也写作"璇玑"（4/66），璇指"天璇"，机指"天机"，合起来指"天文、天象"[②]；闵通悯（5/36），闵可直接译为"凶丧、忧患"[③]。

小 结

古今字、通假字、异体字是学习古代汉语的重要内容。掌握古今字、通假字、异体字是了解和阅读古典文献必备的知识。高中语文必修1—5册没有介绍相关知识，且"三字"的注释术语比较混乱，有必要普及相关知识，使学生掌握一定的常识。

古今字是古字与今字的合称。古字指汉字分化前一字写多词时期的字；今字指汉字分化后记词时各有专司的字。古字与今字是历时的存在，产生有先有后。古今字至少有两个或两个以上的字，如县、悬，坐、座，自、鼻，舍、捨，然、燃，莫、暮，託、托，亦、腋，皐、罪，身、娠，贾、价，奉、捧、俸，采、彩，綵、採，辟、避、僻、嬖、譬等。

通假字是用古音同或古音近的字临时代替要用的那个字，一般意义

[①] 马兰. 人教版高中语文文言文注释术语问题研究［J］. 开封教育学院学报，2017（4）.

[②] 马兰. 人教版高中语文文言文注释术语问题研究［J］. 开封教育学院学报，2017（4）.

[③] 马兰. 人教版高中语文文言文注释术语问题研究［J］. 开封教育学院学报，2017（4）.

上无联系。通假字是一种共时的存在。如脩通修、游通遊、离通罹、销通消、颁通斑、蚤通早、有通又、锡通赐、亡通无、归通馈等。

异体字是两个或两个以上读音和意义完全相同但形体不同，在任何情况下都可以互相替代的一组字。异体字可以是历时的存在，也可以是共时的存在。如和、咊，花、苍，惭、慙，锹、鍫，僊、仚，仙，灾、災、烖，鹅、鵞，曩、鼐，㜺、攤，暖、煖，卧、臥，檐、簷，吊、弔，咏、詠，粮、糧，礼、禮等。

古今字的注释术语一般为"A，后来写作B"或"A，古B字"，通假字的注释术语一般为"A，通B"，异体字的注释术语一般为"A，同B"。

"三字"是学习古代汉语的重点、难点，高中语文教材对"三字"的基本知识鲜有提及，导致学生在高中阶段对"三字"几乎没有了解，教师在教学过程中应适当讲授一些基本的"三字"知识。

高中语文教材编写者也应适当地增加一些"三字"知识，在"三字"注释方面持谨慎的态度，采取通用的术语或说法，使注释前后一致。

参考文献

[1] 陈敏祥. 中学文言文中通假字与古今字的考察 [J]. 佳木斯教育学院学报，2013（10）.

[2] 邓木辉. 高中《语文》通假字术语运用分析及建议 [J]. 中学语文教学，2007（2）.

[3] 高绪亮. 古通假字、古今字和异体字刍议 [J]. 现代语文（学术综合版），2016（2）.

[4] 李品秀，李绍壮. 高中《语文》第三册文言文"三字"注释失误考 [J]. 桂林师范高等专科学校学报，2008（3）.

[5] 卢烈红. 古今字与同源字、假借字、通假字、异体字的关系 [J]. 语文知识，2007（1）.

[6] 马兰. 人教版高中语文文言文注释术语问题研究 [J]. 开封教育学院学报，2017（4）.

[7] 马立春. 语文教材古今字、通假字、异体字注释辨正 [J]. 长

春理工大学学报，2010（10）.

［8］马百计. 谈谈古今字与通假字的区分问题——兼与中学语文编写组商榷［J］. 沂州师范学院学报，2004（3）.

［9］王力."本"和"通"［J］. 辞书研究，1980（1）.

［10］王力. 古代汉语［M］. 北京，中华书局，1981.

［11］徐艳. 古今字与通假字、异体字的关系［J］. 殷都学刊，2003（2）.

［12］姚小林. 通假字、假借字、古今字的联系与区别［J］. 河北广播电视大学学报，2005（2）.

［13］郑晋芳. 人教版高中语文教材中文言文用字现象浅析［J］. 语文知识，2017（13）.

［14］郑晞涛，曹雅玉. 浅析中学语文教材对古今字、通假字的处理［J］. 河北师范大学学报（教育科学版），2004（3）.

［15］祝敏彻. 谈谈"同"与"通"［J］. 辞书研究，1980（3）.

统编本高中语文必修上册古诗文选篇分析[①]

张春秀　张　婷[②]

摘　要：本文对统编本高中语文教材必修上册的古诗文选篇进行了穷尽的考察，并作了全面分析，以期深刻认识并使用新教材。

关键词：统编本；高中语文；古诗文；选篇分析

2019年秋，北京、上海、天津、山东、辽宁、海南6省市在高中一年级开始全部使用由温儒敏主编、教育部组织编写的统编本语文必修上册教材。按照《普通高中语文课程标准（2017年版）》的要求，统编本语文教材必修上册加重了古诗文的分量，由人教版原来的3篇增加至18篇（首），有机地融入了新时代中国特色社会主义思想、社会主义核心价值观和中华优秀传统文化等内容，为培养学生的理想信念、文化自信、责任担当起到了良好的引导作用。统编本高中语文教材必修上册共选入36篇（首）文章，其中古诗文有18篇（首），占了整本教材的一半，可见古诗文在语文教育中的重要性。为了更好地了解和使用统编本高中语文必修上册教材，本文对其所选古诗文进行统计、分析，以期为

---

①　基金项目：本文为黔南民族师范学院硕士生导师基金项目"部编本语文教材古诗文群文阅读研究"阶段性成果之一（编号：QNSYDSPY010），黔南民族师范学院高层次人才研究专项项目"敦煌变文名物辑释"阶段性成果之一（项目编号：qnsyrc201812），黔南民族师范学院语言学及应用语言学提升计划项目校级重点学科阶段性成果之一（编号：QNYSXXK2018013），黔南民族师范学院语言学及应用语言教学团队项目2017年校级一流团队项目教改课题阶段性成果之一（编号：2017xjg0303）。本文发表于《百科论坛·教育科研》2020年第13期，收入本书有删改。

②　张婷，黔南民族师范学院文学与传媒学院2019级学科教学硕士研究生，研究方向为学科语文。

今后的教学提供帮助。

一、统编本高中语文必修上册古诗文选篇统计

统编本高中语文必修上册共有 6 个学习任务群，8 个单元，有 36 篇（首）课文，除第四单元和第五单元外，每个单元有 1～4 课，每课有 1～4 篇选文，古诗文共 18 篇（首），分布在第二单元、第三单元、第六单元、第七单元、第八单元。整个第三单元都是诗词选篇（共 3 课 8 首），其他单元各有 2～4 篇（首）。采取教读与自读、单篇阅读与群文阅读、课内阅读与课外阅读等阅读方式，以及自主学习、合作学习和探究学习等学习方式。具体情况见表 1。

表 1　统编本高中语文必修上册古诗文选篇统计

所在单元	选篇名称	出处或作者	朝代	题材	体裁
第二单元	《芣苢》	《诗经·周南》	春秋中	劳动	古体诗
	《文氏外孙入村收麦》	苏辙	北宋	劳动	近体诗
第三单元	《短歌行》	曹操	东汉末	言志	古体诗
	《归园田居（其一）》	陶渊明	东晋	田园	古体诗
	《梦游天姥吟留别》	李白	唐代	记梦游仙	古体诗
	《登高》	杜甫	唐代	写景抒情	近体诗
	《琵琶行（并序）》	白居易	唐代	叙事长诗	乐府诗
	《念奴娇·赤壁怀古》	苏轼	北宋	咏古抒怀	词
	《永遇乐·京口北固亭怀古》	辛弃疾	南宋	怀古伤今	词
	《声声慢（寻寻觅觅）》	李清照	南宋	忧愁苦闷	词
第六单元	《劝学》	《荀子》	战国末	学习	议论散文
	《师说》	韩愈	唐代	学习	议论散文
第七单元	《赤壁赋》	苏轼	北宋	山水	赋体散文
	《登泰山记》	姚鼐	清代	山水	游记散文

续表1

所在单元	选篇名称	出处或作者	朝代	题材	体裁
第八单元	《静女》	《诗经·邶风》	春秋中	爱情	古体诗
	《涉江采芙蓉》	《古诗十九首》	汉代	离别相思	古体诗
	《虞美人（春花秋月何时了）》	李煜	南唐	亡国之痛故国之思	词
	《鹊桥仙（纤云弄巧）》	秦观	北宋	爱情	词

二、统编本高中语文必修上册古诗文选篇分析

统编本高中语文必修上册共选古诗文18篇（首），下面从选篇的出处或作者、朝代、题材、体裁四个方面进行分析。

从出处或作者看，统编本高中语文必修上册古诗文选篇都是古代的名篇，如《诗经》《荀子》《古诗十九首》以及曹操、陶渊明、韩愈、李白、杜甫、白居易、李煜、苏轼、苏辙、秦观、辛弃疾、李清照、姚鼐等人的作品，体现了课标中选文典范性和时代性的要求。

从朝代分布看，统编本高中语文必修上册古诗文选篇涉及春秋战国、汉代、东晋、唐、南唐、宋、清等朝代的作品。其中宋代共6篇（首），数量最多，占古诗文选篇的33.3%；唐代次之，共4篇（首），占22.2%；春秋战国3篇（首），占16.7%；汉代2篇（首），占11.1%；东晋、南唐、清代各1篇，各占5.6%。唐代诗文尤其是诗，宋代词文尤其是词，春秋战国时期的《诗经》等在中国文学史上都是诗词文的高峰，所以统编本高中语文必修上册古诗文选篇以唐宋为主、春秋战国为辅，符合课标中教材的选文典范性，文质兼美的要求。同时，教材中的古诗文选篇还兼顾了其他朝代的作品，体现了课标中传承中华文化的语文学科核心素养的发展要求。

从题材内容看，统编本高中语文必修上册古诗文选篇题材涉及面广，共有13种。其中劳动、怀古、学习、山水、爱情题材各2篇，分别占总数的11.1%，言志、田园、记梦游仙、写景抒情、叙事长诗、忧愁苦闷、离别相思、故国之思亡国之痛题材各1篇，占总数的5.6%。可见统编本高中语文必修上册古诗文选篇主要以劳动、学习、

山水、爱情、怀古题材为主，兼顾其他个人感悟或写景叙事等题材，体现了课标中选篇要格调健康向上、积极明快的要求。

从体裁上看，统编本高中语文必修上册古诗文选篇主要有古体诗 7 首（四言、五言、杂言、乐府长诗等）、近体诗 2 首（七律）、词 5 首、文言散文 4 篇（议论散文 2、赋体散文 1、游记散文 1）等。其中以诗和词为主，各占总数的 50%、27.8%，诗歌又以古体诗为主，占诗歌总数的 77.8%，占古诗文总数的 38.9%；文言散文则占总数的 22.2%。中国文化博大精深，源远流长，唐诗、宋词作为中国文学史上的两颗璀璨明珠，理所当然在课文选篇中占有重要的位置，这也符合课标中体现民族精神、丰富文化底蕴、培养文化自信、打上中国底色、延续和弘扬中华优秀传统文化精髓的要求。

另外，统编本高中语文必修上册对所选古诗文的学习也提出了不同的要求，有教读、自读、诵读、背诵等，体现了选篇的基础性和选择性、层次性和差异性的原则。具体见表 2。

表 2　统编本高中语文必修上册对所选古诗文学习的要求

教读篇目 12 篇	诵读篇目 6 篇	《芣苢》（反复诵读）
		《文氏外孙入村收麦》（反复诵读）
		《静女》（诵读）
		《涉江采芙蓉》（诵读）
		《虞美人（春花秋月何时了）》（诵读）
		《鹊桥仙（纤云弄巧）》（诵读）
	背诵篇目 6 篇	《短歌行》
		《梦游天姥吟留别》
		《登高》
		《念奴娇·赤壁怀古》
		《劝学》
		《赤壁赋》

续表2

自读篇目6篇	《归园田居（其一）》（诵读）
	《琵琶行并序》
	《永遇乐·京口北固亭怀古》
	《声声慢（寻寻觅觅）》（反复诵读）
	《师说》（熟读，背诵第1段）
	《登泰山记》

三、统编本高中语文必修上册古诗文选篇依据

《普通高中语文课标（2017年版）》在教材编写建议中提出："教材中的选文应具有典范性和时代性，文质兼美，体现正确的政治导向和价值取向。选文格调要积极向上、健康明快，选文作者必须有正确的政治立场、较高的语言文字水平和良好的社会形象。"下面结合高中语文必修上册的选篇具体分析。

（一）选篇具有典范性

选入的篇目都是经过精挑细选、历代经久不衰的名人名篇，有《诗经·国风》，《荀子·劝学》，《古诗十九首》，曹操《短歌行》，陶渊明《归园田居》（其一），韩愈《师说》，李白《梦游天姥吟留别》，杜甫《登高》，白居易《琵琶行并序》，李煜《虞美人》（春花秋月何时了），苏轼《念奴娇·赤壁怀古》《赤壁赋》，苏辙《文氏外孙入村收麦》，秦观《鹊桥仙》（纤云弄巧），辛弃疾《永遇乐·京口北固亭怀古》，李清照《声声慢（寻寻觅觅）》，姚鼐《登泰山记》等。

（二）选篇文质兼美

选入的篇目不论形式还是内容都比较美。从形式上看，诗歌有四言、五言、七言等；从内容上看，有劳动、言志、田园、感悟等，既有普通人劳动的美好与欢乐，也有南唐后主李煜"小楼昨夜又东风，故国不堪回首月明中。雕栏玉砌应犹在，只是朱颜改"的故国之思、亡国之痛；既有一代枭雄曹操"天下归心"的志向，也有五柳先生陶渊明"复

得返自然"的淡泊；既有诗仙李白驰骋想象的豪迈，也有诗圣杜甫登高望远的悲凉，更有香山居士白居易"同是天涯沦落人"的慨叹。词既有东坡居士苏轼、辛弃疾的豪放，也有易安居士李清照的婉约。从形式上看，散文有思辨性的、山水游记性的；从内容上看，有学习之道、人生感悟、泰山景象等，既有儒家集大成者荀子的"学不可以已""青，取之于蓝，而青于蓝"，也有"文起八大之衰"韩愈的"弟子不必不如师，师不必贤于弟子，闻道有先后，术业有专攻"；既有苏子瞻夜游赤壁的吊古伤今，也有桐城姚鼐登临东岳的畅想。

（三）选篇具有时代性

中国是诗文的国度，诗有诗经、楚辞、离骚、古诗十九首、三曹七子、竹林七贤、陶渊明、谢灵运、南北朝民歌、唐诗、宋词、元曲等，文有诸子百家、汉大赋、魏晋辞赋、唐宋八大家、儒家代表作《十三经》、清代桐城三祖等。一代有一代之文学，先秦诗文、两汉经学、魏晋玄学、南北朝骈文、唐代禅宗、宋明理学、清代朴学等，生生不息，代代相传。这些主流学问虽然离现在的我们比较遥远，但它们当时都是响当当的学问，是中华文化的源头，是传统文化的基底。

（四）选篇适宜教学

高中阶段是在义务教育基础上进一步提高国民素质、面向大众的基础教育，是中等教育向高等教育发展的桥梁，是语言知识积累的阶段。这个阶段的高中生具有求知欲强、思维敏捷、感情懵懂、追求个性和独立等特点。统编本高中语文必修上册古诗文的选篇既注意到了高中生的特点，又照顾到了高中阶段的过渡性质，不仅有学习之道、劳动之美、人生体验和感悟，也有对祖国大好河山的深深热爱，还有对社会的思考；既有青年男女"爱而不见，搔首踟蹰"爱情萌发时的甜蜜、羞涩和欢乐，也有他乡游子"同心而离居，忧伤以终老"漂泊羁旅间的怀乡、相思和无奈，还有"两情若是久长时，又岂在朝朝暮暮"的忠贞不渝。这些古诗文选篇适应了高中生的认知特点和身心发展需要，符合语文核心素养发展的规律。

结　语

21世纪是互联网、智能手机和各种移动终端的时代，每个人都可以成为自媒体，纸媒、广播、电视等传统媒介被打破，新媒体应运而生，现代阅读成了"纸媒＋屏幕"的阅读。为了及时纠正浅阅读、碎片化阅读带来的不良影响，继承和弘扬中华优秀传统文化，增强民族认同感，培养文化自信，落实立德树人的根本任务，统编本高中语文在新时代背景下，按照新课标的要求，加重了古诗文选篇的分量，让师生动起来、古籍活起来，培养学生多读书、好读书、读好书、读整本书、学会学习、终生学习的优秀习惯，形成一种文白兼顾良性循环的语言文化生态，为中国从文化大国走向文化强国、提高文化软实力打下坚实的基础，提供有力的保障。

中华民族的优秀文化是我们的根和源，是我们的精神支撑，一个没有精神力量的民族是难以自立自强的，一项没有文化支撑的事业是难以长久的。在习近平新时代中国特色社会主义思想的指引下，传承和发扬中华民族的优秀文化是我们义不容辞的义务和责任。

参考文献

[1] 顾之川. 古诗词与中小学语文教育 [J]. 中国民族教育，2017(4).

[2] 顾之川. 关于中华传统文化与语文教育的思考 [J]. 语文教学通讯，2015（25）.

[3] 顾之川. 论语文学科核心素养 [J]. 中学语文教学，2016（3）.

[4] 顾之川. 语文教材的价值追求与语文品格 [J]. 名作欣赏，2019（16）.

[5] 教育部基础教育课程教材专家工作委员会组织编写；王宁，巢宗祺主编. 普通高中语文课程标准（2017年版）解读 [M]. 北京：高等教育出版社，2018.

[6] 教育部组织编写. 普通高中教科书语文必修上册 [M]. 北京：

人民教育出版社，2019.

　　［7］王本华. 统编高中语文教材的特点与亮点［J］. 语文教学通讯，2019（25）.

　　［8］温儒敏. 坚持立德树人，立足核心素养——用好统编本语文教材的两个前提［J］. 语文建设，2019（14）.

　　［9］温儒敏. 统编高中语文教材的特色与使用建议［J］. 北京教育（普教版），2019（11）.

　　［10］中华人民共和国教育部制定. 普通高中语文课程标准：2017年版［S］. 北京：人民教育出版社，2018.

两套高中语文必修上单元设置和选篇比较分析[①]

张春秀　吴　敏[②]

摘　要：本文对统编本与人教版高中语文两套教材必修上的单元设置、选篇体裁、文白比例进行了比较分析，以为全面了解和使用新教材提供参考。

关键词：统编本；人教版；高中语文；单元设置；选篇体裁；文白比例

为贯彻党的十八大、十九大精神，有机融入习近平新时代中国特色社会主义思想，培育和践行社会主义核心价值观，落实立德树人的根本任务，2013年，教育部启动了普通高中课程修订工作，2017年开始统编，2019年编审完成。由温儒敏担任总主编、教育部组织编写，前后经过近三年编写完成的普通高中语文教材（以下简称统编本高中语文）于2019年9月在北京、上海、天津、辽宁、山东、海南6省市所有学校高一年级开始使用，2022年全覆盖。

由于语文教材在新时代、新课标下做了比较大的改动，现将统编本

[①] 基金项目：本文为黔南民族师范学院硕士生导师基金项目"部编本语文教材古诗文群文阅读研究"阶段性成果之一（编号：QNSYDSPY010），黔南民族师范学院高层次人才研究专项项目"敦煌变文名物辑释"阶段性成果之一（项目编号：qnsyrc201812），黔南民族师范学院语言学及应用语言学提升计划项目校级重点学科阶段性成果之一（编号：QNYSXXK2018013），黔南民族师范学院语言学及应用语言教学团队项目2017年校级一流团队项目教改课题阶段性成果之一（编号：2017xjg0303）。本文发表于《文教资料》2020年第35期，收入本书有删改。

[②] 吴敏，黔南民族师范学院文学与传媒学院2019级学科教学硕士研究生，研究方向为学科语文。

与人教版高中语文两套教材必修上的单元设置、选篇体裁、文白比例进行比较分析，以期为全面了解和使用新教材提供参考。

一、统编本与人教版高中语文必修上单元设置比较分析

统编本高中语文必修上共有8个单元，6个学习任务群：文学阅读与写作（第一、三、七单元），实用性阅读与交流（第二单元），当代文化参与（第四单元），整本书阅读与研讨（第五单元），思辨性阅读与表达（第六单元），语言积累、梳理与探究（第八单元）。其中第一、二、三、六、七单元有"单元学习任务"，即"任务驱动"；第四、八单元有"学习活动"，即关注、参与当代文化、表达与交流、梳理与探究。篇目前标有*的为自读课文。具体见表1。

表1 统编本高中语文必修上单元设置

文学阅读与写作	第一单元	毛泽东《沁园春·长沙》、郭沫若《立在地球边上放号》、闻一多《红烛》、*昌耀《峨日朵雪峰之侧》、*雪莱《致云雀》、茹志鹃《百合花》、*铁凝《哦，香雪》
	第三单元	曹操《短歌行》、*陶渊明《归园田居（其一）》、李白《梦游天姥吟留别》、杜甫《登高》、*白居易《琵琶行并序》、苏轼《念奴娇·赤壁怀古》、辛弃疾《永遇乐·京口北固亭怀古》、*李清照《声声慢（寻寻觅觅）》
	第七单元	郁达夫《故都的秋》、*朱自清《荷塘月色》、史铁生《我与地坛》（节选）、苏轼《赤壁赋》、*姚鼐《登泰山记》
实用性阅读与交流	第二单元	沈英甲《喜看稻菽千重浪——记首届国家最高科技奖获得者袁隆平》、*林为民《心有一团火，温暖众人心》、*叶雨婷《"探界者"钟扬》、李斌《以工匠精神雕刻时代品质》、《芣苢》（《诗经·周南》）、苏辙《文氏外孙入村收麦》
当代文化参与	第四单元	家乡文化生活
整本书阅读与研讨	第五单元	整本书阅读《乡土中国》
思辨性阅读与表达	第六单元	《劝学》（《荀子》）、*韩愈《师说》、毛泽东《反对党八股》（节选）、鲁迅《拿来主义》、*黑塞《读书：目的和前提》、*王佐良《上图书馆》
语言积累、梳理与探究	第八单元	词语积累与词语解释　古诗词诵读：《静女》（《诗经·邶风》）、《涉江采芙蓉》（《古诗十九首》）、李煜《虞美人》（春花秋月何时了）、秦观《鹊桥仙》（纤云弄巧）

人教版高中语文必修1共4个单元，分四个板块：阅读鉴赏、表达交流、梳理探究、名著导读。篇目没有标号的是精读课文，标有＊的为略读课文。具体见表2。

表2 人教版高中语文必修1单元设置

阅读鉴赏	第一单元	＊毛泽东《沁园春·长沙》、诗两首（戴望舒《雨巷》、徐志摩《再别康桥》），艾青《大堰河——我的保姆》
	第二单元	《烛之武退秦师》（《左传》）、《荆轲刺秦王》（《战国策》）、司马迁《鸿门宴》
	第三单元	鲁迅《记念刘和珍君》、巴金《小狗包弟》、＊梁实秋《记梁任公先生的一次演讲》
	第四单元	《短新闻两篇》（周婷、杨兴《别了，"不列颠尼亚"》，罗森塔尔《奥斯维辛没有什么新闻》），夏衍《包身工》，＊贾永、曹智、白瑞雪《飞向太空的航程》
表达交流	心音共鸣写触动心灵的人和事	
	园丁赞歌记叙要选好角度	
	人性光辉写人要凸显个性	
	黄河九曲写事要有点波澜	
	朗诵	
梳理探究	优美的汉字	
	奇妙的对联	
	新词新语与流行文化	
名著导读	《论语》	
	《大卫·科波菲尔》	

通过表1、表2可以看出，统编本高中语文必修上有6个学习任务群，8个单元，14篇为自读课文，22篇为教读课文；人教版高中语文必修1分四个板块，共4个单元课文，其中3篇略读，11篇精读。和人教版相比较，统编本的课文增加了，尤其是大大加重了阅读的分量，把教读与自读、单篇阅读与群文阅读及整本书阅读、课堂阅读与课外阅读、线上阅读与线下阅读很好地结合起来，让师生形成共同体，共同学习、共同探讨、共同进步，培养良好的阅读习惯，形成多读书、爱读书的风气。

二、统编本与人教版高中语文必修上选篇体裁比较分析

统编本高中语文共选入36篇（首）课文，课文选篇涉及的体裁有：诗词（19首），包括现代诗（4首）、古体诗（7首）、近体诗（2首）；小说（2篇）；散文（15篇），包括通讯（3篇）、议论文（5篇）、写景抒情散文（4篇）、哲理散文（1篇）、随笔（2篇）。具体见表3。

表3 统编本高中语文必修上选篇体裁情况

诗词19首	诗13首	现代诗4首	郭沫若《立在地球边上放号》、闻一多《红烛》、*昌耀《峨日朵雪峰之侧》、*雪莱《致云雀》
		古体诗7首	《芣苢》（《诗经·周南》）、曹操《短歌行》、*陶渊明《归园田居（其一）》、李白《梦游天姥吟留别》、*白居易《琵琶行并序》、《静女》（《诗经·邶风》）、《涉江采芙蓉》（《古诗十九首》）
		近体诗2首	苏辙《文氏外孙入村收麦》、杜甫《登高》
	词6首		毛泽东《沁园春·长沙》、苏轼《念奴娇·赤壁怀古》、*辛弃疾《永遇乐·京口北固亭怀古》、*李清照《声声慢（寻寻觅觅）》、李煜《虞美人》（春花秋月何时了）、秦观《鹊桥仙》（纤云弄巧）
小说2篇			茹志鹃《百合花》、*铁凝《哦，香雪》
散文15篇	通讯3篇	通讯报道3篇	沈英甲《喜看稻菽千重浪——记首届国家最高科技奖获得者袁隆平》、*林为民《心有一团火，温暖众人心》、*叶雨婷《"探界者"钟扬》
	议论文5篇	新闻评论1篇	李斌《以工匠精神雕刻时代品质》
		议论散文4篇	毛泽东《反对党八股》（节选）、鲁迅《拿来主义》、《劝学》（《荀子》）、*韩愈《师说》
	写景抒情散文4篇	写景散文2篇	郁达夫《故都的秋》、*朱自清《荷塘月色》
		抒情散文2篇	赋1篇：苏轼《赤壁赋》
			记1篇：*姚鼐《登泰山记》
	哲理散文1篇		史铁生《我与地坛》（节选）
	随笔2篇		*黑塞《读书：目的和前提》、*王佐良《上图书馆》

人教版高中语文必修1有4个单元，共选14篇（首）文章，课文

涉及的体裁有：诗词（4首），包括词（1首）、诗（3首）；散文（10篇），包括写人叙事散文（6篇）、新闻（3篇）、报告文学（1篇）。具体见表4。

表 4　人教版高中语文必修 1 选篇体裁情况

诗词 4 首	词 1 首	*毛泽东《沁园春·长沙》
	诗 3 首	诗两首（戴望舒《雨巷》、徐志摩《再别康桥》）、艾青《大堰河——我的保姆》
散文 10 篇	写人叙事散文 6 篇	叙事散文 3 篇	《烛之武退秦师》（《左传》）、《荆轲刺秦王》（《战国策》）、司马迁《鸿门宴》
		写人散文 3 篇	鲁迅《记念刘和珍君》、巴金《小狗包弟》、*梁实秋《记梁任公先生的一次演讲》
	新闻 3 篇	《短新闻两篇》（周婷、杨兴《别了，"不列颠尼亚"》，罗森塔尔《奥斯维辛没有什么新闻》）、*贾永、曹智、白瑞雪《飞向太空的航程》
	报告文学 1 篇	夏衍《包身工》

通过表 3、表 4 可以看出，统编本高中语文必修上选篇体裁比较丰富，有诗词、小说、散文三种体裁：诗歌有现代诗、古体诗、近体诗，散文有新闻评论、议论散文、写景散文、抒情散文、哲理散文、随笔等。人教版高中语文必修 1 选篇相对单调，只有诗词、散文两种体裁：诗歌只有现代诗，散文有写人叙事散文、新闻、报告文学等。

三、统编本与人教版高中语文必修上白话文和文言文选篇比较分析

统编本高中语文必修上有 18 篇（首）白话文，具体为词 1、诗 4、小说 2、散文 11；18 篇（首）文言文，具体为诗 9、词 5、文 4（见表 5）。

表5　统编本高中语文必修上册白话文和文言文选篇情况

白话文 18篇（首）	词1首	毛泽东《沁园春·长沙》
	诗4首	郭沫若《立在地球边上放号》、闻一多《红烛》、*昌耀《峨日朵雪峰之侧》、*雪莱《致云雀》
	小说2篇	茹志鹃《百合花》、*铁凝《哦，香雪》
	散文11篇 通讯3篇	沈英甲《喜看稻菽千重浪——记首届国家最高科技奖获得者袁隆平》、*林为民《心有一团火，温暖众人心》、*叶雨婷《"探界者"钟扬》
	新闻评论1篇	李斌《以工匠精神雕刻时代品质》
	议论散文2篇	毛泽东《反对党八股》（节选）、鲁迅《拿来主义》
	写景抒情散文2篇	郁达夫《故都的秋》、*朱自清《荷塘月色》
	哲理散文1篇	史铁生《我与地坛》（节选）
	随笔2篇	*黑塞《读书：目的和前提》、*王佐良《上图书馆》
文言文 18篇（首）	诗9首	《芣苢》（《诗经·周南》）、苏辙《文氏外孙入村收麦》、曹操《短歌行》、*陶渊明《归园田居（其一）》、李白《梦游天姥吟留别》、杜甫《登高》、*白居易《琵琶行并序》、《静女》（《诗经·邶风》）、《涉江采芙蓉》（《古诗十九首》）
	词5首	苏轼《念奴娇·赤壁怀古》、*辛弃疾《永遇乐·京口北固亭怀古》、*李清照《声声慢（寻寻觅觅）》、李煜《虞美人》（春花秋月何时了）、秦观《鹊桥仙》（纤云弄巧）
	文4篇	《劝学》（《荀子》）、*韩愈《师说》、苏轼《赤壁赋》、*姚鼐《登泰山记》

人教版高中语文必修1白话文有11篇（首），具体为词1、诗3、记人散文3、新闻3、报告文学1；文言文3篇，均为散文。白话文占79%，文言文占21%。具体见表6。

表 6　人教版高中语文必修 1 白话文和文言文选篇情况

白话文 11 篇（首）	诗词 4 首	词 1 首	*毛泽东《沁园春·长沙》
		诗 3 首	诗两首（戴望舒《雨巷》、徐志摩《再别康桥》）；艾青《大堰河——我的保姆》
	散文 7 篇	记人散文 3 篇	鲁迅《记念刘和珍君》、巴金《小狗包弟》、*梁实秋《记梁任公先生的一次演讲》
		新闻 3 篇	《短新闻两篇》（周婷、杨兴《别了，"不列颠尼亚"》、罗森塔尔《奥斯维辛没有什么新闻》），*贾永、曹智、白瑞雪《飞向太空的航程》
		报告文学 1 篇	夏衍《包身工》
文言文 3 篇	散文 3 篇		《烛之武退秦师》（《左传》）、《荆轲刺秦王》（《战国策》）、司马迁《鸿门宴》

通过表 5、表 6 可以看出，统编本高中语文必修上白话文和文言文比例各占一半；人教版高中语文必修 1 白话文占 79%，文言文占 21%。和人教版高中语文相比较，统编本大大加重了文言文的比例。

结　语

综上所述，统编本高中语文必修上不论从单元设置、选篇体裁，还是文白比例等方面较原来都有很大的变动。与人教版高中语文必修 1 相比，统编本高中语文必修上更好地体现了语文课程的综合性、实践性、工具性和人文性的基本特点，采取了基础性与选择性相结合，层次性与差异性相结合，以立德树人、育才成人、以文化人为总目标，有机融入了习近平新时代中国特色社会主义和核心价值观的教育、创新精神和创新能力的教育，采取了双线组元的方式，以语文学科核心素养为纲，以语文实践活动为主线，以学习任务群为抓手，以自主学习、个性化学习、合作探究学习为主要学习方式，贴近生活，以学生为主体，让学生多读书、好读书、读好书、读整本书，为更好地运用和热爱汉语、传承中华文化、培养文化自信、养成终身学习的习惯提供了强有力的保障，为培养德智体美劳全面发展的社会主义建设者和接班人奠定了坚实的基础。

参考文献

［1］陈莲春．统编高中语文教材必修（上）第一单元任务设计例说［J］．语文学习，2019（9）．

［2］陈婉瑜，陈柳竹，喻珊，张晓宇．部编版高中语文教材鲁迅作品选编分析［J］．文教资料，2019（26）．

［3］顾之川．论语文学科核心素养［J］．中学语文教学，2016（3）．

［4］顾之川．新中国语文教育七十年［J］．语言战略研究，2019（4）．

［5］顾之川．语文教材的价值追求与语文品格［J］．名作欣赏，2019（16）．

［6］黄勇智，赵宁宁．学习之道——统编高中语文必修上册第六单元专题学习设计［J］．语文教学通讯，2019（31）．

［7］教育部基础教育课程教材专家工作委员会组织编写；王宁，巢宗祺主编．普通高中语文课程标准（2017年版）解读［M］．北京：高等教育出版社，2018．

［8］教育部组织编写．普通高中教科书语文必修上册［M］．北京：人民教育出版社，2019．

［9］李蓓蓓．“部编本”高中语文教材作文的编写特点与教学建议［J］．品位·经典，2019（6）．

［10］刘志江，赵宁宁．我的家乡我的根——统编高中语文必修上册第四、五单元专题学习设计［J］．语文教学通讯，2019（28）．

［11］邱道学，张秋玲．情与景的交响——统编高中语文必修上册第七单元专题学习设计［J］．语文教学通讯，2019（34）．

［12］人民教育出版社、课程教材研究所、中学语文课程教材研究开发中心、北京大学中文系、语文教育研究所编著．普通高中课程标准实验教科书语文1必修［M］．北京：人民教育出版社，2007．

［13］史成明，杨万和．最美天籁是乡音 乡音演绎家国情——"家乡文化生活"单元学习活动的设计与实施［J］．中学语文教学，2019（11）．

［14］王本华. 统编高中语文教材的特点与亮点［J］. 语文教学通讯，2019（25）.

［15］王希明. 统编高中语文教材必修（上）第二单元设计及实践［J］. 语文学习，2019（11）.

［16］王忠亚，赵宁宁. 语言家园——统编高中语文必修上册第八单元专题学习设计［J］. 语文教学通讯，2019（34）.

［17］温儒敏. "部编本"语文教材的编写理念、特色与使用建议［J］. 课程·教材·教法，2016（11）.

［18］温儒敏. 坚持立德树人，立足核心素养——用好统编本语文教材的两个前提［J］. 语文建设，2019（14）.

［19］温儒敏. 统编高中语文教材的特色与使用建议［J］. 北京教育（普教版），2019（11）.

［20］张晓毓. 强化立德树人教育　重视核心素养养成——统编版高中语文教材使用与教学策略建议［J］. 基础教育论坛（下旬刊），2019（30）.

［21］张英华，张秋玲. 古典诗词意蕴丰——统编高中语文必修上册第三单元专题学习设计［J］. 语文教学通讯，2019（28）.

［22］中华人民共和国教育部制定. 普通高中语文课程标准：2017年版［S］. 北京：人民教育出版社，2018.

［23］中华人民共和国教育部制定. 义务教育语文课程标准：2011年版［S］. 北京：北京师范大学出版社，2012.

［24］朱再枝，何章宝. 基于项目式学习的"当代文化参与"实践探究——以高中语文统编教材必修上册《家乡文化生活》为例［J］. 基础教育课程，2019（24）.

人教版高中语文文言文"三字"注释考辨[①]

秦 越[②] 马媛媛[③]

摘 要：文言文作为高中语文教材的重要板块，是高中语文教学的主要内容之一。文言文"三字"（古今字、通假字、异体字）辨析和注释一直是高中语文教学的难点。人教版高中语文教材作为权威教材，编写精审，体例严谨。但智者千虑，必有一失。教材在"三字"注释方面仍有数条可商之处。本文试以教材"三字"注释为研究对象，查错纠误，完善体例，以期为进一步规范"三字"注释提供参考。

关键词：通假字；古今字；异体字；注释

由于古代汉语与现代汉语之间的巨大差异，加之文言文的创作年代离我们太过久远，文言文的学习成了高中语文教学的重难点。"三字"（古今字、通假字、异体字）是古代汉语中特有的语言现象，也是训释词义、疏通句义的基础。由于语教材编写任务重、内容多，教材编写者对"三字"的界定缺乏系统的考证，人教版高中语文教材偶有疏漏，表现在随文注释"三字"的术语混乱、误注、本字本义可说通却又多注、漏注、同字混注等几个方面。

[①] 基金项目：2017年黔南民族师范学院高层次人才研究专项项目"莫友芝小学研究"（qnsyrcc201717）阶段性成果之一，黔南民族师范学院语言学及应用语言学提升计划项目（项目编号：QNYSXXK2018013）阶段性成果之一。本文发表于《内蒙古教育》2020年第6期，收入本书有删改。

[②] 秦越，山东理工大学教授，文学博士，硕士研究生导师。主要研究方向为古籍整理与研究、语文教材等。

[③] 马媛媛，黔南民族师范学院文学与传媒学院2019级学科教学硕士研究生，主要研究方向为学科语文。

一、古今字错注为异体字

在使用教材的过程中，经过细心研读，我们发现，人教版高中语文教材关于古今字和异体字的注释有混淆，一般都用"A，同B"来表示，这种注释显然不够精当。古今字不完全等同于异体字。关于异体字，王力这样定义："两个（或两个以上）字的意义完全相同，在任何情况下都可互相代替。"现将教材中古今字和异体字混淆的现象列举如下。

（一）"那"和"挪"

《林教头风雪山神庙》："过几时，那工夫来望恩人。"文末注释为："那，这里同挪。"《说文·邑部》："那，西夷国。从邑冄声。安定有朝那县。诺何切"。"那"的造字理据源于地域名称。《说文》无"挪"字，说明"挪"为后起字。随着社会的发展，"那"在本义的基础上引申出移动、安适等义。移动东西需要借助手的力气，因此，在那字的基础上加了一个"扌"旁。"挪"继承了"那"的"移动"本义，与"那"字形成古今字关系，"那"是"挪"的本字，正确的注释应为："那，后写作挪。"

（二）"尊"和"樽"

《念奴娇·赤壁怀古》："一尊还酹江月。"文末注释为："尊，同樽，一种盛酒器。这里指酒杯。"《说文·酋部》："尊，酒器也。从酋、廾以奉之。"由此可知，"尊"的本义指酒器。《说文》无"樽"字。根据甲骨文字形来分析，"尊"的下半部分为"手"，上半部分是冒着气的酒坛子，即双手端着酒坛子向别人敬酒。敬酒代表尊敬他人，以示被敬酒的人地位高。《古代汉语词典》对"尊"字的解释为："《论衡·逢遇》：'处尊居显，未必贤，遇也。'"由此可见，"尊"表示尊贵，地位高。后引申出尊重、对人的敬称等义。后起字"樽"只用来表示酒杯。因此，正确的注释为："尊，后来写作樽。"

(三)"匪"和"非"

《静女》:"匪女之为美,美人之贻。"文末注释为:"匪,同非,表示否定判断。"《说文·匚部》:"匪,器,似竹筐。从匚非声。"匪,本义指一种像竹筐的器具。后造"筐"字,用来专门表示此义。《左传·僖公十五年》:"下民之孽,匪降自天。"在这句话中,"匪降自天"的意思是并不是上天降罪的,"匪"表示否定的语气。后来为了便于区分,造"非"字来继承否定的意思。因此,正确的注释应为:"匪,后来写作非,表示否定判断。"

二、通假字错注为异体字

(一)"每"和"们"

《窦娥冤》:"这都是官吏每无心正法。"文末注释为:"每,表示复数,相当于们。"按照教材的注释体例来看,两字互为异体字。《说文·屮部》:"每,艸盛上出也,从屮母声。""屮",表示从地上长出来的小草,这是"每"字的造字本义。《汉字源流字典》:"们,本义为肥满。作为词尾,是借义,见于唐代。附着在人称代词或指人的名词后面表示复数:渠(他)们底个,江左彼此之辞;娘儿们几个;朋友们;我们;他们;人们。这种用法,宋、元时也借'懑''瞒''每''门'等来表示。"由此可见,"每"为"们"的音借字,正确的注释应为:"每,通们,表示复数。"

(二)"归"和"馈"

《静女》:"自牧归荑,洵美且异。"文末注释为:"归,同馈,赠送。"《说文·止部》:"归,女嫁也。从止,从妇省声。"由此可知,"归"的本义指女子出嫁。女子出嫁以后意味着有了新家,有了归宿,"归"因此引申为归宿。又因风俗习惯,女子在出嫁之后,隔一段时间会回娘家,由此引申出返回之义。"馈"的本义与粮食有关。《说文·食部》:"馈,饷也。从食贵声。"《周礼·天官·膳夫》:"凡王之馈,食用六谷，膳用六牲。"后在本义的基础上引申出送粮食给别人吃、运送等义。此外，从音韵的角度来看，"归"为见母，微韵。"馈"为群母，脂韵。"归"与"馈"声韵相通，为同音假借字。正确的注释应为："归，通馈，赠送。"

三、本字本义可通又多译

（一）"璇机"

《张衡传》："妙尽璇机之正。"文末注释为："璇机，玉饰的测天仪器。也写作'璇玑'。"《古代汉语词典》中"璇"字的解释有两种："一是美玉。《荀子·赋》：'璇玉瑶珠，不知佩也。'二是次于玉的美石。""机"的本义是树木。《说文·木部》："机，木也，从木几声，居履切。""机"的繁体字为"機"，其本义为一种装置。

（二）"闵"

《陈情表》："臣以险衅，夙遭闵凶。"文末注释为："闵，通悯，指可忧患的事。"《说文·门部》："吊者在门也，从门文声。"《说文·人部》："吊，问终也，古之葬者，厚衣之以薪。从人持弓，会殴禽。多啸切。""吊"的本义是吊唁。"闵"，吊者在门里，意思即为家里发生了不好的事情。由此可知，"闵"可用本义直译，不必通假。

四、"三字"漏注

（一）"说"漏注

《烛之武退秦师》："秦伯说，与郑人盟。"意思是秦穆公很高兴，与郑国签订了盟约。"说"的高兴义是如何产生的，教材注释并未进行解释。《说文·言部》："说释也。""释"，就是要将心中想说的话释放出来，心情愉悦。这是"说"的愉悦义产生的理据。"说"字本来有愉悦之义，随着词义的发展，"说"字有了三种读音，代表不同的意思。为了方便记忆，于是加"忄"部以示区别。"忄"旁与人的心理有关，在"说"之本义的基础上后造出"悦"字，用来专门表示喜悦。由此可知，"悦"是"说"的今字。正确的注释应为："说，后写作悦，表喜悦。"

（二）"培"和"凭"的关系漏注

《逍遥游》："而后乃今培风。"教材注释："培，凭。"《说文·土部》："培，培敦。土田山川也。从土音声。薄回切。""培"的本义指垒土。《说文·几部》："凭，依几也。从几从任。《周书》：'凭玉几。'读若冯。皮冰切。""凭"的本义指倚靠在某物上，借助其力量。"而后乃今培风"，意思是然后才能乘风而上，借助风的力量向上飞。此外，从音韵学的角度来考察，"培"与"凭"同为并母字，一声之转，因此二字是通假关系。正确的注释应为："培，通凭。"

五、同字混注

（一）"说"和"悦"

《静女》："彤管有炜，说怿女美。"文末注释："说，同悦。"《烛之武退秦师》："秦伯说，与郑人盟。"《齐桓晋文公之事》："王说，曰。"文末注释为："说同悦，高兴。"教材中，一处将两字关系定为异体字，另一处漏注。由上文分析可知，"悦"是"说"的今字。此句包含字的古今关系，正确的注释应为："说，后写作悦，表喜悦。"

（二）"亡"和"无"

《苏武传》："空自苦亡人之地。"文末注释："亡，同无。"同篇中有"武父子亡功德"，文末注释："亡功德，无功无德。"教材中，一处将两字关系定为异体字，一处未标注。两字到底是什么关系未加明确。《说文·亡部》："亡，武方切，逃也。从人从乚。凡亡之属皆从亡。"由此可知，亡的造字本义指逃跑。《说文·亾部》："无，亡也。""无"的本义是没有。《广韵》："亡，灭也。""亡"即毁灭，消灭，消失。"亡"通"无"。两字非异体字，而是互为通假字。正确的注释应为："亡，通无。"

小　结

人教版高中语文文言文随文注释"三字"条目存在疏漏，但是瑕不掩瑜。数年来，教材不仅为广大师生提供了权威性的知识，也传承了精益求精的编写精神。广大教师在教学过程中亦应确立统一的界定标准，运用文字学和训诂学知识细心考辨，以保证知识传授的准确性。

参考文献

[1] 李品秀，李绍壮. 高中《语文》第三册文言文"三字"注释失误考 [J]. 桂林师范高等专科学校学报，2008（3）.

[2] 张春秀. 人教版高中语文文言文"三字"注释情况探究 [J]. 科教文汇（中旬刊），2018（10）.

造字理据引入统编高中语文古诗词教学路径研究[①]

刘美霞[②]

摘　要：高中古诗词属于"定篇"类选文，具有相当高的文本价值和教学价值。但在现今古诗词教学当中，如何引导学生融入古诗词意境，体会作者情感，实现有效的古诗词鉴赏，成为古诗词教学的难点。本文认为，以汉字字形为着眼点，将造字理据分析法引入高中古诗词教学，将有助于学生有效地鉴赏古诗词。

关键词：造字理据；古诗词；教学

古诗词作为我国传统文化不可分割的一个重要组成部分，其发展源远流长。从上古时期歌谣的产生，到最早的诗歌总集《诗经》的出现，再到神秘而浪漫的《楚辞》，我国古诗词便在此基础上蓬勃发展。在语文教学中，无论小学、初中，还是高中，蕴含着优秀的传统文化的古诗词都占有一席之地。但基于学生的身心发展特点，三个阶段的统编语文教材所选古诗词的侧重点有所不同。小学阶段侧重于童真、童趣，初中阶段侧重于青春成长，高中阶段则侧重于意蕴丰富的文学经典。相较起来，高中阶段的古诗词无疑是教师最难教学、学生最难体味的内容。如何让教师有法可依，让学生学之有道？本文尝试将造字理据分析法引入高中古诗词教学，探索高中古诗词教学新路径。

[①]　基金项目：本文为黔南州 2021 年教育科学规划课题立项项目"统编语文教材古诗文选篇语言文字教育研究"（项目编号：2021B009）阶段性成果之一。

[②]　刘美霞，黔南民族师范学院文学与传媒学院 2020 级学科教学硕士研究生，研究方向为学科语文。

一、高中古诗词教学现状

在统编高中语文教材中，古诗词属于中华优秀传统文化板块，贯穿必修、选择性必修、选修三阶段课程。因此，在已出版的必修、选择性必修教材中，每册教材都设有"古诗词诵读"板块，教读古诗词课文主要分布在必修上册的第三单元以及选择性必修下册的第一单元（见表1）。可见古诗词在统编高中语文教材中所占比重较小，虽然包括在中华优秀传统文化板块当中，但是其中还是以文言文为主，这就导致个别教师对古诗词教学有一定的懈怠心理。古诗词教学贯穿小学、初中、高中三个阶段，对高中阶段是否需要重视古诗词教学的质疑声此起彼伏，原因是只关注了三个阶段的"同"，没有关注三个阶段的"异"。统编高中语文教材所选古诗词不同于小学和初中，而是经典之作，属于王荣生所说的"定篇"类选文，是完整的，没有删改的，具有较高的文本价值与教学价值，所以高中古诗词应是重点教学内容。

表1 统编高中语文古诗词篇目统计

教材	篇目
必修上	《芣苢》(《诗经·周南》)、《插秧歌》(杨万里)、《短歌行》(曹操)、《归园田居其一》(陶渊明)、《梦游天姥吟留别》(李白)、《登高》(杜甫)、《琵琶行并序》(白居易)、《念奴娇·赤壁怀古》(苏轼)、《永遇乐·京口北固亭怀古》(辛弃疾)、《声声慢·寻寻觅觅》(李清照) 【古诗词诵读】 《静女》(《诗经·邶风》)、《涉江采芙蓉》(《古诗十九首》)、《虞美人·春花秋月何时了》(李煜)、《鹊桥仙·纤云弄巧》(秦观)
必修下	【古诗词诵读】 《登岳阳楼》(杜甫)、《桂枝香·金陵怀古》(王安石)、《念奴娇·过洞庭》(张孝祥)、《游园（【皂罗袍】）》(汤显祖)
选择性必修上	【古诗词诵读】 《无衣》(《诗经·秦风》)、《春江花月夜》(张若虚)、《将进酒》(李白)、《江城子·乙卯正月二十日记梦》(苏轼)
选择性必修中	【古诗词诵读】 《燕歌行并序》(高适)、《李凭箜篌引》(李贺)、《锦瑟》(李商隐)、《书愤》(陆游)

续表1

教材	篇目
选择性必修下	《氓》(《诗经·卫风》)、《离骚（节选）》(屈原)、《孔雀东南飞并序》、《蜀道难》(李白) 《蜀相》(杜甫)、《望海潮（东南形胜）》(刘永)、《扬州慢（淮左名都）》(姜夔)

在当下的古诗词教学中，不管是教师的教还是学生的学，都以应试为主。面对古诗词课文，教师最先研究考点是什么、答题技巧是什么、某一类型的古诗词应该怎样得分等问题。学生则是重在搜索古诗词中的意象或某一关键字词，根据教师所教授的答题技巧进行模式化答题。这一套程序对应付考试来说很有必要，但是古诗词教学并不只是让学生学会怎样完成诗歌鉴赏试题，而是要让学生真切、实在地鉴赏古诗词，在鉴赏中切身融入古诗词意境，在联想和想象中走进作者所处之境，体味作者情感，从而感受古诗词的韵味。这是一个完整的审美过程，也是古诗词为什么被选入语文教材的原因。《普通高中语文课程标准（2017年版2020年修订）》提出的"审美鉴赏与创造"语文核心素养指出："学生在语文学习中，通过审美体验、评价等活动形成正确的审美意识、健康向上的审美情趣与鉴赏品位，并在此过程中逐步掌握表现美、创造美的方法。"[1] 培养学生的这一核心素养，作为中国文学代表的古诗词当然当仁不让。同时，这一过程也是对中华优秀传统文化的传承与理解，对培养学生的文化自信尤为重要。

古诗词教学意义重大，如何在教学过程中引导学生融入古诗词意境，体会作者情感，实现有效的古诗词鉴赏，授课教师往往会陷入困境。这时如果从文字入手，利用造字理据分析方法进行教学，引导学生进入古诗词情境，鉴赏古诗词，未尝不是打破这一教学困境的有效路径。

---

[1] 中华人民共和国教育部制定. 普通高中语文课程标准（2017年版2020年修订）[S]. 北京：人民教育出版社，2020.

二、造字理据分析与古诗词的联系

汉字的发展经历了几千年的历史，人们最初用图画来记录事物，后来出现了甲骨文、金文、大篆、小篆、隶书、楷书。为了研究汉字的发展演变规律，造字理据分析方法应运而生。利用造字理据，可以通过字形知晓或探究人们最初造字时的思维方式，以及人们对自然、社会的认知。古诗词作为中国传统文学的代表，学习古诗词也是对古代人们思维方式的认识，还是领略传统文化的有效手段。因此，造字理据分析与古诗词之间存在紧密的联系。

（一）升华古诗词的审美特性

汉字是中华民族的象征，其最大的特点就是表意性与审美性。汉字的表意性无须过多说明，这是全世界的共识。汉字的审美性较为复杂，既直观又含蓄。直观主要体现在字形的形象性上，汉字始终保持着"立象以尽意"的原则，即汉字最初以象形文字为主，如"日"⊙、"月"☽，看到⊙、☽就知其所代表的是太阳与月亮。随着社会的发展，象形文字的局限性越发突出，其已无法表达许多抽象的概念，指事字、会意字便应运而生，即将象形文字组合、搭配，再通过意会的方式去表达独体象形字无法表达的概念和意义，如"上""下""老"三字，其字形为二、𠃌、耂，单从字形上看，无法直观地得知其表达的意义，需要从字形的整体搭配、组合上进行理解。可意会的特点正体现了汉字含蓄的审美特性。

古诗词是中国文学的代表，其审美特性不仅体现在艺术性上，还体现在表情达意上，而赋予古诗词此种特点的就是汉字的表意性与审美性。如杜甫《登高》"万里悲秋常作客，百年多病独登台"中的"秋"字，对"秋"字进行造字理据分析，可知其甲骨文为𥤎，字形就像是火烧蟋蟀，因蟋蟀一般在立秋后鸣叫，便借以表示秋天，下方的"火"则表示收割庄稼后用火焚烧秸秆并消灭害虫，二者组成一个会意字，本义为"成熟的庄稼"，引申为时间"一年"，如"一日不见，如隔三秋"。

可见"秋"字的本义是积极的，但"悲秋"是古诗词的基调之一，因为"秋"不只蕴含了庄稼丰收的喜悦，还有"无边落木萧萧下"的悲凉以及古人对日月如梭、时间流逝的感叹。所以"万里悲秋常作客"后便自然地引出"百年多病独登台"一句，"悲秋"已难，"多病"更是难上加难，在使诗歌结构紧凑的同时，也增加了诗歌的悲壮美。

再如李白《将进酒》中的"酒"字，其甲骨文字形为🍶，属于形声兼会意字。根据其甲骨文字形可知，中间是一个酒瓶，两侧是酒瓶中流出来的液体，一看到这一字形，仿佛就身处曲水流觞的意境中。对古代的文人骚客来说，得志时、失意时、惆怅时、迷茫时，酒都是抒发情感的最佳饮品，尤其是李白，仿佛与酒共生。"君不见黄河之水天上来，奔流到海不复回"是李白郁郁不得志时感叹时光的短暂，"人生得意须尽欢，莫使金樽空对月"是李白劝友人"杯莫停"，"天生我材必有用，千金散尽还复来"的积极入世又让我们看到即使仕途坎坷，李白依旧豪情逸兴。这些都是愤懑忧愁时李白借酒所表达的积极与消极的心理，也为诗歌增加了奔腾、豪放的意味。

（二）相互融合，相辅相成

古诗词篇幅短小，用语精炼，一字一词就能决定作品的风格。造字理据是对文字的分析，古诗词创作最重要的一步就是对字词的选取与斟酌，如何确定某一个字或某一个词是否最佳，利用造字理据进行探究就是一个不错的方法。同时，赏析某首古诗词的意境或情感，也要探挖其文字，锁定目标后，通过造字理据，能够更加清晰、深刻地理解古诗词作品。

如贾岛《题李凝幽居》中广为传颂的"僧敲月下门"中的"敲"字，诗人曾犹豫此处用"推"好还是用"敲"好，这便是"推敲"一词的典故。"敲"字为什么好呢？首先可从字形探究。"敲"是一个会意字，小篆字形为敲，左边的高是建筑物，下面的"口"代表门，右边的殳像手拿着木棍，所以整体表达的含义就是手持木棍高举向下敲。通过分析造字理据，"敲"这一动作得到了形象生动的展现，贾岛在朋友家门口敲门的情景似在眼前。其次，李凝是位隐士，"闲居少邻并,草径入荒园"表明了他幽静的居住环境,能体现幽静的恰好是敲门所发出的声音,所以"敲"字最妙。"敲"字使"鸟宿池边树,僧敲月下门"的意境豁然浮现,也微妙地表达了幽静的意境。

再看"推"字,其小篆字形为 ,是一个形声字,左边的 表意,意为"用手推";右边的 表声,单对 进行造字理据分析,其表示的是短尾鸟,且短尾鸟的喜好是向外飞。综合起来,"推"字的本义为"向外推"。跟"敲"字比起来,推门的动作就不如敲门的动作小而轻,如果是"僧推月下门",那么"闲居少邻并,草径入荒园"的幽静意境就会被打破,夜晚的静谧也没有那么明显。

可见对古诗词所用汉字进行造字理据分析,不仅能够生动有趣地说明古诗词赋予某一汉字的意味,还能从创作视角明确某一汉字对于古诗词的意义,两者相互融合又相辅相成。

三、造字理据分析引入高中古诗词教学的路径

汉字是古诗词的中心,每首古诗词中汉字与汉字的结合都包含了作者的深思熟虑与巧妙构思。作为一种语言符号,汉字不仅是音、形、义的结合,还是中华传统文学之美的象征,更是古人思想与情感的载体。当今古诗词教学中存在不求甚解的现象,将汉字造字理据分析引入教学,将有助于提高教学质量。

(一)聚焦炼字,引入意境

汉字是古诗词语言的生命,也是古诗词的存在方式,还是文人墨客匠心独运后的艺术品,更是古人意志、气节的表现形式,在经典古诗词作品的背后,是作者无数次"炼字"的成果,这些"炼字"往往就是走进古诗词意境的关键。"意境是主与客、心与物之间的生命融合,是诗人之'意'与世界之'境'的欣然相遇。"从汉字进入古诗词意境是一个艰难的过程,要求教师对古诗词的创作背景及作者生平有一定的了解,还要对古诗词语言有强烈的敏感性,能够准确抓住其中的"炼字",理解其确切含义。如果将汉字造字理据分析用于古诗词的"炼字",将

会使教学效果事半功倍。

例如七律的巅峰之作《登高》，杜甫在创作这首诗时，他的人生已到晚年，生活的潦倒窘迫加上年老多病，在白帝城外的高台上他百感交集，写下了对人生的感慨。从创作背景看，诗歌的意境似乎是悲惨孤寂的，但是细品诗歌语言，会发现诗歌中的"悲"不是"悲惨"的"悲"，而是"悲壮"的"悲"。首先来看《登高》首句"风急天高猿啸哀"中的"急"字，其篆文为䖝，原从"心"，"及"声，是一个形声字。《说文解字》汤可敬注云："急，狭窄的心。"张舜徽《说文解字约注》："大抵心怀窄陋者，性多躁暴，故引申有急迫义。"[1] 其本义为"心急"，也引申为"急躁""急速"。此句中的"风急"采用的是其引申义"急速"。诗歌悲壮的意境就来源于"风急"，风的急速让杜甫听到了"猿啸哀"，看到了"鸟飞回"和"无边落木萧萧下，不尽长江滚滚来"。一个"急"字引出杜甫所听所见，猿的哀鸣似乎是杜甫的心声，但眼中是萧萧落木与滚滚长江，心中的"哀"意与眼前的"壮"景为全诗营造了悲壮的意境。

再如苏轼《念奴娇·赤壁怀古》"乱石穿空，惊涛拍岸，卷起千堆雪"中的"穿"字，其篆文为䆤，上部是"穴"，下部为"牙"，指鼠牙，是一个会意字，老鼠常用自己的牙齿在木制器物或墙等的东西上打洞，如《诗经·行露》云："谁谓鼠无牙？何以穿我墉？"其本义为"穿透、凿洞"。《说文解字》："穿，通也。"[2]"乱石穿空"，山川穿透天空，似乎要将天空捅破一般，形象地描绘了山川高耸入云的豪迈气势。一个"穿"字，把豪放派词作的特点展现得淋漓尽致，也体现了苏轼旷达的人生态度。苏轼被贬黄州，心中愁闷无处诉说，黄州赤鼻矶壮丽的景色激起他对"千古风流人物"的追念，"穿空"的山川更是激发了苏轼积极的人生态度，为这首词营造了旷达的意境。

（二）以点带面：汉字为点，感知情感

古诗词作为经典得以流传至今，其中最重要的原因就在于古诗词本

---

[1] 汤可敬译注. 说文解字（全五册）[M]. 北京：中华书局，2018.
[2] 许慎撰，徐铉等校定. 说文解字 [M]. 北京：中华书局，2013.

身的凝练。《普通高中语文课程标准（2017年版2020年修订）》提出"语言建构与运用""思维发展与提升""审美鉴赏与创造""文化传承与理解"的语文核心素养，其中语言建构与运用是语文核心素养的枢纽，其他三方面核心素养的培养都以其为基础。所以在古诗词教学中，语言文字是教学重点，不管是分析诗歌意象、感受诗歌意境，还是体会作者情感等的古诗词鉴赏任务，都要以语言文字为基础。

古诗词语言含蓄、质朴、意蕴深远。作者的情感表达往往就寄托在某一个汉字中，找到古诗词中的这一关键字，并对其进行造字理据分析，便能让学生深刻地体味作者的情感。如曹操《短歌行》"慨当以慷，忧思难忘；何以解忧，唯有杜康；忧从中来，不可断绝"中多次使用"忧"字，可见"忧"就是这首诗的诗眼，也是作者感情的寄托。"忧"字意为"忧愁"，但为什么是"忧愁"义呢？"忧愁"又是一种什么样的状态？曹操作为乱世枭雄，不管在文学领域还是在战争领域都有一席之地，那到底是何种忧愁让其"酾酒临江，横槊赋诗"的呢？解答以上问题可对"忧"字进行造字理据分析。"忧"的金文为 ，是一个会意字，从字形可以看出是一人向左站立，做出用手挠头的样子，也是忧愁。从全诗来看，曹操用一个"忧"字表达了三种忧愁：一是忧人生短暂，二是忧人才难得，三是忧功业未成。依据造字理据分析，可见曹操的忧愁中带有急迫，一个"忧"字便生动形象地表达了他功业未成、求贤若渴的急切心情。

再如李清照《声声慢·寻寻觅觅》"这次第，怎一个愁字了得"中的"愁"字。这首词作于靖康之变之后，是李清照的后期作品，由于国破家亡加上与爱人生死相隔，她的后期作品中没有了"争渡，争渡，惊起一滩鸥鹭"的清新可人和怡然欢愉，而是充满了愁苦凄清。"愁"字毫无疑问就是这首词的词眼，那作者到底有多愁呢？通过造字理据分析，"愁"的小篆字形为 ，从心秋声，是一个形声兼会意字，上部是"秋"，下部是"心"，秋景最扰人心，所以其本义为"忧虑"。将之带入词中，还原词境，"凄凄惨惨戚戚"已是忧虑，"乍暖还寒时候"是作者难以将息的忧虑，"孤雁、黄花、梧桐、细雨"是作者"独自怎生得黑"的孤独的忧虑，眼前这一切的叠加，使作者的愁绪无以复加，最终发出

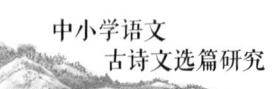

"这次第,怎一个愁字了得"的感叹,因为这种"愁"已经到了无法形容的地步。

再看《诗经·周南·芣苢》中的"采"字与"捋"字。"采"字的甲骨文字形为❀,是一个形声兼会意字,上面像人的手,下面则是树上的果实,整体表示用手采摘果实,意为"摘取";"捋"字的小篆字形为❀,左边的中与右边的❀都有"手"义,整体意为"用手轻轻摘取"。在《芣苢》中,因其重章叠句的结构特点,"采"字出现多次,且与"捋"字意义相符,芣苢为车前草,"采"的重复使用,生动呈现了先秦时期的劳动人民采车前草的劳动画面,体现了欢愉的劳动过程以及对劳动的热情。

可见,利用造字理据对古诗词的诗眼或词眼进行分析,不仅能够准确地理解字义,还能够生动地感知作者的情感。

小 结

古诗词的含蓄隽美让它在中国文学史上生生不息,汉字是古诗词的载体,将汉字的造字理据引入高中古诗词教学,不仅能够带领学生有效地进入古诗词意境,还能帮助学生深刻地感知古诗词中所蕴含的作者情感,不失为古诗词教学的有效方法。

参考文献

[1] 王荣生. 语文科课程论基础 [M]. 上海:上海教育出版社,2003.

[2] 谢向东. 高中古诗词教学的困境及对策 [J]. 中学教学参考,2020(1).

[3] 杨晶瑜. 汉语言文字的审美特点及其在教学中的作用 [J]. 语文建设,2015(33).

据境索义法在高中文言文实词教学中的应用[①]

李 杰[②]　张春秀

摘　要：高中教材所选的文言文篇目都是经典名篇，也是高中语文教学的重要内容，文言实词更是教学重点，解决了实词，就可以很好地理解文章的思想内容和层次结构。本文从训诂学的主要方法"据境索义"出发，以统编版高中语文教材中的文言文为依托，把文言实词教学和据境索义相结合，以激发学生兴趣，提高教学效果。

关键词：文言文；实词教学；据境索义

文言文是我国传统文化的重要载体，在语文课程中有着不可替代的独特价值，从新出版的统编版高中语文教材也可以看到，文言文板块所占比重增大。但文言文离我们太遥远，其中的一些重要字词跟现在也有很大的差别，理解起来有很大难度。本文以为，如果在文言文教学中运用据境索义这一训诂方法，可以很好地解决字词方面的问题，也可以激发学生兴趣。

一、据境索义训诂方法

探求词语意义的训诂方法有因声求义、以形说义、直陈语义、据境

[①] 基金项目：本文为黔南州2021年教育科学规划课题立项项目"统编语文教材古诗文选篇语言文字教育研究"（项目编号：2021B009）阶段性成果之一。本文发表于《电脑迷·教师研修》2022年第5期，收入本书有删改。

[②] 李杰，黔南民族师范学院文学与传媒学院2020级学科教学硕士研究生，研究方向为学科语文。

索义。本文要探究的就是据境索义，周大璞在《训诂学初稿》中给据境索义作了说明："境，指语言的环境，也有人叫做词场。据境索义，就是根据词语所处的语言环境，以推求词语的准确解释。"① 一个词语本来有多种意思，但在具体的语境中有且只有一个意思，这时就可以通过上下文来找出其准确的意思，即据境索义法。

高中语文文言文中的大多数实词都是多义性的，如果脱离具体的语境来解释词义，就会导致理解模糊、片面，从而不能准确理解句义。在教学文言文时，如果不能一眼判定实词的意义，就要联系上下文语境，在具体的语言环境中推断词义。

二、据境索义在文言文实词教学中的运用

大多数文言文实词都是多义的，当在具体语境中时，词义却是单一的。根据上下文语境来推敲某个词语的意思，不应仅仅局限于上一句或者下一句，而是上下几句甚至全文，这样方能更好地推敲词义。下面将具体谈一下文言文中的哪些实词可以运用据境索义这一训诂方法来教学。

（一）根据上下文推敲词语

《鸿门宴》第二段项伯谓沛公曰："旦日不可不蚤自来谢项王。"第三段"沛公至鸿门，谢曰：'……'"对这两个谢字，第一个"谢"课本中的注释为道歉，第二个"谢"没有注释，很多教师在教学时也当道歉讲。那么第二个"谢"是否可以理解为道歉呢？我们可以通过查阅《说文解字注》了解"谢"的本义。"谢"的繁体写作"謝"，《说文·言部》："谢，辞去也。从言射声。"一般指对别人的帮助或赠予表示感激，引申出感激、谢绝等。在这里，可以将"谢"字放在具体的上下文中考察。上文说项伯夜访张良，告诉张良项羽要打刘邦，企图让张良和他一起离开，但张良认为在这个时候离开是不义的，而且还要把这件事汇报给刘邦。刘邦听后大惊，一时之间不知道怎么办，两次说到"为之奈

---

① 周大璞. 训诂学初稿[M]. 武汉：武汉大学出版社，1987：167.

何?"这时张良就给出了对策,刘邦也很聪明,开始拉拢项伯,和他称兄道弟、向他敬酒、结为儿女亲家。项伯听完后就给刘邦说,你第二天来鸿门跟项王解释、道歉,刘邦答应了。第二天早上,刘邦就率领一百多人来到鸿门见项羽,他对项羽说自己也没想到是他先入关中,现在因为小人让他们之间有了隔阂。通过上下文语境,可以把第二个"谢"字理解为谢罪,而不是道歉,谢罪的程度比道歉深,刘邦承认自己的过错,降低身份,既可以满足项羽的虚荣心,还可以使得项羽更加相信自己,不把自己当作敌人。如果是道歉的话,根本没必要说这么多。因此,结合语境,第二个"谢"应该理解为谢罪,而不是道歉。

此外,《陈情表》中的"除",虽然课本中给了注释,是授官的意思,但很多学生可能会产生疑惑,知其所然,但不知其所以然。在教学时,教师可以展示"除"的甲骨文,首先查阅《说文解字注》了解"除"字的含义。《说文·阜部》:"除,殿陛也。"可以理解为宫殿的台阶,引申为授拜官位。再结合上下文语境,"诏书特下,拜臣郎中,寻蒙国恩,除臣洗马"(朝廷特地下了诏书,任命我为郎中,不久又蒙受国家恩命,任命我为太子的侍从官)。前文的"拜"和此处的"除"是一个意思,后面接的都是官职,这样,学生对"除"字的理解就不会感到困惑了。再看"臣欲奉诏奔驰,则刘病日笃","笃"课本中的注释为病重,但学生可能会疑惑"笃"为什么是病重的意思,在教学时教师可以在课件上展示"笃"的字义变迁,通过查阅《说文解字注》了解"笃"字的含义。《说文·马部》:"笃,马行顿迟也。"笃的本义是马行迟钝,引申为深厚、厚重;又引申为沉重(多指病势);又从厚重引申为加厚。再结合上下文语境,得到皇上的旨意后想赴京就职,但眼下祖母的病却愈来愈重。我和刘氏两人相依为命,现在她已经危在旦夕,侍奉祖母的时间不多了,但侍奉皇上的时间还有很多,表示自己应先尽孝后尽忠,最终感动晋武帝,这样也就达到了陈情的目的。

推断、理解文言实词的最终目的都是准确理解句义,如果脱离上下文解释词义,孤立地看单个字词,就没有任何意义。总之,要树立语境意识,才能更好地理解词义。

（二）运用词例推敲词语

词例就是古人用词的习惯，也就是用词的固定格式。对词例有所了解后，有助于我们对词语的意思作出正确的判断。词例语境也是上下文语境，但词例语境对词义有所限定，通过这个限定，就能更好地理解句子中某个词语的意义。词例语境包括对文、连文、互文等。具体应用如下：

1. 对文

在结构相同或相似的句子中，两个词语位置一致，语义相近、相同或相反，词性相同以及在句子中充当的成分也相同，就构成了对文。属于对文的句子中的词语，有的容易理解，有的晦涩难懂，这时就可以根据词义相近或相反来推断词语的含义，以更好地理解词义。如：

（1）词义相同、相近的例子

《兰亭集序》："固知一死生为虚诞，齐彭殇为妄作。""一"字和"齐"字为同句对文，"一"是"把……看作一样"的意思，"齐"是"把……看作相等"的意思。还有"群贤毕至，少长贤集"，课本中"毕"和"贤"的注释都为"全，都。"学生会发现这些字的意思相近，但可能不知道这就是对文，这就要求教师在教学时要向学生说明什么是对文，在看到一篇文言文时要知道哪些句子是对文。

《谏太宗十思疏》："忧懈怠则思慎始而敬终。"课本中"敬"的注释为"慎"，可能有的学生就不理解"敬"为什么会是"慎"的意思，这时教师就要告诉学生"慎"和"敬"为同义对文，都是"慎"的意思。

（2）词义相反的例子

《五代史伶官传序》："满招损，谦得益。""益"在这里作名词，是"益处"的意思，而"损"则相反，是"损失"的意思。这两个字的意思都很好理解，在教学时，教师不仅要让学生知道这句话本来的意思，还可以进行人生观引导，告诉学生无论我们在学习中还是生活中都要懂得谦虚。

这篇文章中，"忧劳可以兴国，逸豫可以亡身"中的"忧劳"和"逸豫"的词义也是相反的，"忧劳"很好理解，"逸豫"比较难理解，如果学生知道这句话是反义对文，就可以根据"忧劳"推断出"逸豫"

是安逸舒适的意思。文言文中有一些字词是比较难理解的，通过反义对文的方式，学生只要知道其中一个字词的意思就可以推断出另外一个的意思。

2. 连文

两个意义相同或相近的词语并列连用，就构成了连文。这两个词语相连之后的意思与它们本来的意思一样，不用分开来解释，在表达上可以起到增强语势的作用。如：

《鸿门宴》："沛公至军，立诛杀曹无伤。""诛"和"杀"意思相同，诛的本义是责备、谴责，引申为杀。在这里用引申义，连文成义。句义为：刘邦到达军营后，立刻杀了曹无伤。还有"封闭宫室，还军霸上，以待大王来"，"宫"的意思是"居住的房屋"，"室"的意思也是"居住的房屋"。

《阿房宫赋》："妃嫔媵嫱，王子皇孙。""妃""嫔""嫱"都指六国王侯的宫妃，但又各有等级（"妃"的等级比"嫔""嫱"高），"媵"指陪嫁的侍女，也可成为"嫔""嫱"。在这个句子中属同义连文，统指帝王的配偶。

《促织》："而翁归，自与汝覆算耳！"根据课本上的注释，"覆"是审核的意思，"算"是算账的意思，可以知道"覆算"是连文，意思相近，可以理解为：你的父亲回来，自然会跟你算账！但是如果书上没有注释，学生可能就不理解"覆"的意思。教师在教学文言文时，要时常提醒学生遇到不会的字词要学会查阅工具书，学会积累。以连文为例，要学会归类，把是连文的词语都记录在本子上，这样做对文言文的学习会有很大的帮助。

3. 互文

在结构相同的语言中，两个词语的意思互补，参互见义，就构成了互文。互文最大的特点就是"你中有我，我中有你"。如：

《琵琶行并序》："主人下马客在船。"很多人都会将这个句子理解为"主人下了马，客人还留在船上"。但根据上下文语境，应该理解为"主人和客人都下了马，主人和客人都在船上"。前半句省略了"客"，后半句省略了"主人"，作者通过精练的语言，表达了丰富的含义。主人和客人这两个词互文见义，就使得语句避免了字面上的重复，并且还有回

环往复的效果。

《梦游天姥吟留别》:"栗深林兮惊层巅。""栗"与"惊"互文见义,可以理解为:使深林和层巅战栗而且震惊。在教学时,教师要提醒学生这个句子用了互文手法,以后再看到类似的句子要学会举一反三。

《赤壁赋》:"举酒属客,诵明月之诗,歌窈窕之章。""诵"与"歌"互文见义,课本中没有注释,但在教学时教师要对学生讲清楚,这句诗要合在一起翻译,理解为:吟诵《诗经·陈风·月出》里面的诗句。如果理解为"吟诵里面的诗,吟唱里面的诗句"就不对了。有的教师或学生会有这样的理解,因此,要讲明这里运用了互文手法,这样理解起来就简单多了。

对文言文中这些特有的语言现象,不但要善于发现,还要准确理解,在教学中让学生体会这样运用的好处。文言文年代久远,学生理解起来有困难,但如果通过词例语境来教学,学生掌握了这些常见的词例,在之后的学习中就能举一反三,提高效率。

三、使用据境索义在文言文教学中应注意的问题

和其他训诂方法比较,据境索义比较容易掌握,但在教学中也要注意一些问题:

首先,掌握古代汉语知识。要在文言文教学中运用据境索义的训诂方法,要求教师要全面掌握古代汉语知识,甚至还要达到精通的程度。教师自身储备的文言基本知识越多,在教学过程中运用据境索义训诂法的能力就越强,学生也更有激情。

其次,根据具体语境确定字词的意思。教师一定要把字词放在具体的语境中,联系上下文来讲解词义,尤其是在教学对文、连文、互文时,首先要让学生知道这些词例的意思,这样,学生在以后的学习中就能通过词例来举一反三,提高学习效率。

最后,抓住文章的写作背景。文章是作者用来抒发内心情感、反映社会现实的,每篇文章都有一定的写作背景。文言文距离我们太遥远,抓住其写作背景可以更好地理解课文内容,了解当时的社会生活。

文言文教学最重要的是准确掌握重点实词的意思,而据境索义可以

让我们跨越时空，和古人对话。在文言文实词教学中，运用据境索义训诂法能够帮助学生更好地理解和学习文言文，提高学生的兴趣、阅读文言文的能力，创设一个宽松、和谐的课堂氛围，提高教学效果。

参考文献

[1] 纪玉霞. 对文、互文、连文修辞手法在中学语文教学中的应用研究［D］. 聊城：聊城大学硕士学位论文，2010.

[2] 张劲秋. 据境索义与文言词语训释［J］. 合肥师范学院学报，2005（2）.

[3] 戴建华. 对文·变文·连文与文言文词义［J］. 语文知识，1995（7）.

[4] 石群霞. 浅谈中学文言文中的对文［J］. 学语文，2007（1）.

[5] 邓军，李萍. 郑玄随文释义的语境研究［J］. 古籍整理研究学刊，2000（6）.

[6] 黎辉亮. 谈古代汉语的同义连文［J］. 海南大学学报（社会科学版），1984（1）.

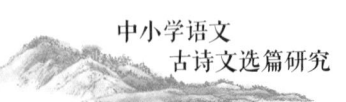

散文教学中的"以读促写"教学初探[①]
——以《鸿门宴》为例

陆光梅[②]

摘　要：从古至今，阅读与写作两者之间都有着密切的联系，阅读是写作的基础，通过以读促写的方式开展散文教学活动是高中语文教学的新路径。本文以《鸿门宴》为例，对高中散文教学中"以读促写"的教学模式进行了相关分析与探索，以期为高中散文教学提供一定的参考。

关键词：以读促写；散文教学；《鸿门宴》

以读促写教学模式是阅读与写作教学的有机结合，教师通过阅读课对学生进行相应的指导，使学生领悟文章的内容以及相关写作手法等，从而对自己的写作有所帮助。新课程改革对当下的教育提出了全新的要求，认为教师要转变教学观念，确立学生在课堂中的主体地位，同时要落实好学生的语文核心素养。所谓的语文核心素养就是指学生的语言能力、思维发展、审美和创造能力以及文化传承等。这就需要教师充分结合课堂教学的内容，培养学生的综合素养。阅读与写作是学生综合素养的体现，教师在教学中应注重阅读与写作两者之间的密切联系，发挥以

---

① 基金项目：本文为黔南州2021年教育科学规划课题立项项目"统编语文教材古诗文选篇语言文字教育研究"（项目编号：2021B009）阶段性成果之一。本文发表于《好日子·创新教育》2022年第21期，收入本书有删改。

② 陆光梅，黔南民族师范学院文学与传媒学院2021级学科教学硕士研究生，研究方向为学科语文。

读促写的作用。《鸿门宴》是一篇经典散文，它集中展现了司马迁的史识和文学才能，鲁迅先生誉之为"史家之绝唱，无韵之离骚"。《鸿门宴》的人物描写历来为人称道。然而在高中语文课堂教学中，每当讲解《鸿门宴》时，不少教师将时间用在分析文章中的重点字词、句式及人物的性格特征，很少能将文章中的人物描写、对比描写及场景描写手法应用于作文教学。又由于课时安排，高中语文课每天至少有一节，而写作课两周仅有一次，且写作课的时间最长也就两个小时。更有甚者，有的语文教师上写作课时进行简单的理论讲解后，就让学生开始写作文。久而久之，学生怕写作文，教师怕上作文课，作文教学陷入困境。相对于作文课而言，阅读课则更受学生和教师的欢迎，这就为作文教学提供了一个契机，教师可在讲授阅读课时融入写作教学，以读促写，先从心理上打破学生与教师对作文的畏难心理，帮助学生提升写作能力。

一、以读促写的理论依据

（一）我国传统的读写教学经验

读写结合、以读促写的语文教学方式早已有之，并伴随着理论与实践的发展而不断发展。

西汉时期的扬雄说"能读千赋，则善为之矣"，诗圣杜甫亦云"读书破万卷，下笔如有神"。

我国教育学家唐彪在《家塾教学法》中提出了阅读和写作的教学问题，他主张要博览名家作品，诸如《孟子》《战国策》等，并"精读""熟读"，反反复复地读，这样才能在阅读"经史"中不断积累写作素材，学习相关的写作手法，他的主张给我们提供了"以读促写"的教学启示。

著名教育家叶圣陶先生认为写作是阅读的基础，他还强调阅读课要精读，要让学生对文本有透彻的理解，在此基础上学生的写作更容易顺利开展。

（二）范例教学理论

范例教学理论是德国心理学家瓦根舍因首创的一种教育理论。范例教学法是在一组特定的知识中选出有代表性的、最基础的、本质的实例（或称范例），通过讲授这些实例，使学生掌握同一类知识的规律，举一反三，获得独立思考、独立解决问题的能力。范例教学法可以使学生实现学习迁移，不再只局限于课堂，也能延伸到课后。

教师在教授《鸿门宴》这篇课文时，要选好课文里的相关"范例"，并用好这些"范例"，帮助学生掌握一些基本的人物描写、对比描写和场景描写的写作知识及方法，从而完成"阅读—写作"的迁移。"以读促写"这一教学方式有利于教师完成阅读与写作的教学任务，帮助学生实现学习目标，是提高学生写作能力最直接的方法之一，符合范例教学理论。

（三）学习迁移理论

学习迁移理论是指一种学习对另一种学习的影响，或已经获得的知识经验对完成其他活动的影响。在课堂教学中，教师要想方设法地为学生提供有利于学生产生学习迁移的条件和方法，从而帮助学生将课堂上所学到的知识、技能和经验应用于其他课程的学习。

在阅读教学中融入写作，学生便可把在阅读课上习得的知识和经验迁移到写作学习当中。如在写作中，学生运用的语言、选择的素材、使用的写作方法等，都是通过阅读学习到的知识。正因为读写之间有互相促进的关系，教师创设"以读促写"课堂便成了可能。因此，"以读促写"这一语文教学方式符合学习迁移理论。

二、学习《鸿门宴》中的人物描写

《鸿门宴》有着非常高的文学价值和史学价值，是不可多得的佳作，在司马迁的刻画下，其中的每个人物都栩栩如生，尤其是刘邦、项羽、樊哙等。这些富有艺术魅力的人物形象给学生留下了深刻的印象，若教师只是引导学生简单地进行人物分析，未免有些可惜。教师可以选取有代表性的人物着重分析，使学生体会作者描写这一类人物的精妙之处，再在此基础上仿写或做其他延伸。

（一）学习刘邦这一人物的描写

《鸿门宴》中，刘邦让人印象深刻的一句话便是"为之奈何？"这句话在文中共出现了三次，每一次都暗藏玄机。第一次是项伯夜访张良告密项羽方的军事行动，张良便将此事转告给刘邦，刘邦的反应先是"大惊"，紧接着说"为之奈何？"从这一点可以看出刘邦面对危机时有了常人该有的惊慌，但惊慌过后马上冷静下来向谋士张良虚心请教。第二次是当张良追问刘邦"料大王士卒足以当项王乎"，刘邦的反应是"默然"，紧接着问道："固不如也，且为之奈何？"体现了刘邦的自知之明且信任自己的属下。第三次是宴会上刘邦以"如厕"为借口逃跑，出门后便向武士樊哙发问："今者出，未辞也，为之奈何？"当得到樊哙的回应"大行不顾细谨，大礼不辞小让。如今人方为刀俎，我为鱼肉，何辞为"之后，"于是遂去"。其实刘邦早已下定逃跑的决心，只是此时故作虚假，试探樊哙的忠心，由此可以看出他的狡猾。

另外，我们还可以从刘邦对张良和项羽的称呼中分析他的性格特点。在文中，刘邦称他的谋士张良为"君"和"兄"，在古代，"君"和"兄"都是敬称，张良只是他的属下他却能如此称呼张良，可见刘邦极其擅长拉拢人心且能屈能伸。刘邦称项羽为"将军"，最后让张良留谢时又称项羽为"项王"，从始至终他却自称"臣"。通过第一段范增对项羽说的话："沛公居山东时，贪于财货，好美姬。今入关，财物无所取，妇女无所获，此其志不在小。……"可以看出刘邦内心深处并不认为自己只是"臣"，他却能违心地称自己为"臣"，放低姿态讨好项羽，可以看出他心机深沉，圆滑狡诈，很有政治手段。司马迁运用语言和神态描写刻画了刘邦狡诈的性格特征。

（二）学习项羽这一人物的描写

在课文的第一段描述中，我们可以知道当项羽听到曹无伤告密之后，他的第一反应是"大怒"，然后大声吼道："旦日飨士卒，为击破沛公军！"司马迁通过神态和语言描写，刻画了一个急躁、冲动、易怒的项羽形象。宴会开始前，项羽在听了刘邦一系列花言巧语以及虚假的辩解之后便供出了敌营内应曹无伤，当他说出"此沛公左司马曹无伤言之，不然，籍何以至此"这句话时，无疑已给曹无伤判了死刑，此事一出，今后恐怕即使有人想背叛刘邦投靠项羽也不敢了，这简单的一句话便让项羽失了民心。这里的语言描写突出了项羽缺乏政治头脑、不擅应变的性格特征，乃至后来在宴会上当范增对他示意要刺杀刘邦时，他却默然不应。紧接着当项庄舞剑欲再次刺杀刘邦时，面对项伯的"常以身翼蔽沛公，庄不得击"，他也是没什么反应，甚至到最后刘邦已经假借"如厕"逃跑了，他都没有发现，还问张良："沛公安在？"司马迁通过语言和神态描写，展现了一个自大狂妄、优柔寡断的项羽。

（三）学习樊哙这一人物的描写

在课文第四段描写中，当樊哙听到张良说"甚急！今者项庄拔剑舞，其意常在沛公也"时，樊哙道："此迫矣！臣请入，与之同命。"从这里的语言描写可以看出樊哙的勇敢和忠心。司马迁接下来又对樊哙闯营时的动作和神态进行了描写，如"带剑拥盾入军门""侧其盾以撞""瞋目视项王，头发上指，目眦尽裂"，从中可以看出樊哙的勇敢。

司马迁又通过樊哙与项羽的对话展示了一个有勇有智的樊哙形象。当项羽对樊哙说"壮士！能复饮乎"时，樊哙接话道："臣死且不避，卮酒安足辞！夫秦王有虎狼之心，杀人如不能举。……"可以看出樊哙十分机智，既让自己处于安全之地，又让项羽无可奈何。

司马迁还通过刘邦准备逃跑时和樊哙的对话刻画了一个忠心耿耿的樊哙形象。当刘邦从宴会上逃出来时问樊哙："今者出，未辞也，为之奈何？"樊哙随即回答道："大行不顾细谨，大礼不辞小让。如今人方为刀俎，我为鱼肉，何辞为？"从樊哙对刘邦的这四句劝谏中，可以看出他有勇有谋、忠心耿耿。

通过分析司马迁刻画刘邦、项羽和樊哙这三个历史人物形象的描写手法，教师在进行这篇古代散文教学时可以抓住某一点重点分析，引导学生在写人训练时运用这样的描写手法，提高写作水平。

三、学习《鸿门宴》中的对比描写

《鸿门宴》中的对比手法贯穿全文,充分展现了司马迁运用对比手法的高超。该文对主帅项羽和刘邦以及各自阵容的谋士、武士、内奸的做法都做了一系列的对比描写,展示了一幅幅惊心动魄的场景,刻画了一个个富有个性的人物形象,揭露了刘项双方明争暗斗、形势互换的根本原因。教师在教学时可以通过对对比描写的详细分析,引导学生领悟司马迁在对比手法上的绝妙之处,并尝试把此方法运用到写作当中,提高自己的写作水平。

(一) 学习两位主帅性格的对比描写

文章开篇便介绍了刘邦、项羽双方的军事实力,项羽占优势,但他自大狂妄、缺少谋略、优柔寡断;刘邦处于劣势,但他虚心求教、善于用人、忍辱负重、圆滑狡诈。当项羽听到曹无伤告密之后,立即暴跳如雷并大声吼道:"旦日飨士卒,为击破沛公军!"当时项羽的军队有兵四十万,在新丰鸿门;而刘邦的兵才十万,在霸上。如若项羽进攻刘邦结局显而易见,所以项羽才敢狂妄地说出"击破沛公军"。作者通过双方的实力悬殊作对比,从侧面揭露了两个人物不同境况下的性格特征。

在紧张的局势下,战争一触即发,此刻愤怒的项羽接下来的一系列做法却让人叹为观止。第二天,当项羽听了项伯的一些说辞以及刘邦虚情假意的辩解后,便对刘邦心生愧疚并且供出了敌营内应曹无伤,可见项羽过于耿直,缺少政治头脑,不仅如此,面对刘邦他还自称"籍"("籍"在古代表谦卑),继而留刘邦在宴会上与他同饮。当范增多次向他示意要刺杀刘邦时,他却默然处之不予回应,项庄舞剑欲再次刺杀刘邦时,项伯有意保护刘邦,对此他也是选择视而不见,面对樊哙闯入营帐这一情景,他的表现仍是不慌不忙,甚至还称之为"壮士",乃至最后刘邦以"如厕"为由抄小路逃跑了他才后知后觉,气得范增直骂其为"竖子"。项羽完全被刘邦的花言巧语所蒙蔽,被刘邦牵着鼻子走,由主动变为被动。这些描写都衬托出他自大狂妄、沽名轻敌的性格特点。而刘邦清楚在自身军事实力不如项羽的情况下,当知道项羽方要有所行动时，他先是表现出惊慌之态，继而向张良虚心问道："为之奈何?"当谋士张良向自己提出"谁为大王为此计者"这一问题时，他也只是回答："鲰生说我曰：'距关，毋内诸侯，秦地可尽王也。'故听之。"刘邦对自己的内应"鲰生"保护有加，即使对方是张良他也没有向其透露一丝真实的信息，只是假借"鲰生"二字忽悠过去，反观项羽对曹无伤的做法，足见刘邦的小心谨慎，这还体现在他一开始对张良与项伯之间的故交是有所怀疑的，可他却没有直接向张良说出这一疑虑，而是当张良主动把自己与项伯之间的交情和盘托出后，他才问张良："君安与项伯有故?"在他打消了对张良的怀疑之后，又去拉拢讨好项伯，欲与之"约为婚姻"，通过花言巧语硬是把自己的诡计说成惊天地泣鬼神的忠心耿耿，且承诺第二天定会来谢他内心深处不认为该谢的罪。他卑躬屈膝、委曲求全、审时度势，真不愧是一位善于玩弄政治手段的行家。刘邦在对人物的称呼上也十分讲究。这些原因使刘邦赢得了臣子的忠心，项伯的信任，诓骗了项羽，逃过了范增和项庄的刺杀，从而在宴会上躲过了一劫。

（二）学习两位主帅在用人方面的对比描写

刘邦对自己的谋士张良尊敬有加、虚心求教，对武士樊哙亦是如此。从三句"为之奈何"可看出刘邦善于用人，善听劝告，君臣之间上下一心、共商计策，从而能从宴会上顺利逃跑，让局势发生了转变。而项羽对自己的谋士和武士的一系列行动都选择视而不见，不支持谋士范增的计划，以至于最后放虎归山，后患无穷。

（三）学习两位主帅对待内奸态度的对比描写

项羽对待内奸项伯的态度是尊敬有加，从宴会上对叔父项伯的座位安排是"东向坐"这一点便可以看出。而刘邦在面对内奸曹无伤时则是不假思索地"立诛杀曹无伤"，干净利落。

通过以上分析可见司马迁在对比描写方面的高超艺术。教师在教学时要注意引导学生领会这一写作手法，理解并运用到自己的写作当中，从而提高写作水平，达到以读促写的目的。

四、学习《鸿门宴》中的场景描写

《鸿门宴》中各个场景的详细描写与简略描写交替出现，如对情节发展起关键作用的场景项伯夜访、宴会上三起三落以及樊哙闯帐等，司马迁都做了较为详细的描写，而对曹无伤告密、范增献计、张良献计、沛公逃离及曹无伤被杀等场景只是简略描写。

项伯夜访是整个事件的转折点，课文第二段开头便说明了项伯夜访的缘由：项伯与张良是故交，不忍看张良到时因刘邦受牵连，欲连夜劝走张良。然而张良在得知项羽方的行动后并未与项伯一同离开，而是将此情况汇报给了刘邦，刘邦又借故与项伯进行了沟通交流。司马迁对刘邦与张良、刘邦与项伯的对话都进行了详细的描写，刻画了小心谨慎、审时度势的刘邦以及有情有义、足智多谋、忠心耿耿的张良，为下文宴会上项羽及项伯的反应埋下了伏笔。

（一）学习宴会上三起三落的场景描写

作为整个故事的高潮，宴会这一部分是详细描写。范增多次对项羽使眼色，甚至多次举起所佩带的玉玦向项羽示意要立即刺杀刘邦，而项羽却不给予回应；范增无奈之下便出营帐请来了项庄，项庄在宴会上以剑舞助兴为由想要刺杀刘邦，项伯却拔剑起舞有意保护刘邦；樊哙闯入帐中，瞪眼怒视项羽，头发都竖了起来，眼眶都要裂开了，项羽却称其为"壮士！赐之卮酒"。这些场景描写渲染了极为紧张的氛围，使故事情节扣人心弦。

（二）学习樊哙闯帐的场景描写

作为宴会上的高潮部分，樊哙闯帐这一场景也是详细描写。司马迁通过樊哙的神态"瞋目视项王，头发上指，目眦尽裂"、动作"带剑拥盾入军门""侧其盾以撞"以及话语"臣死且不避，卮酒安足辞！"等描写，详细刻画了樊哙救主心切、有勇有谋的性格特征。

针对这三个场景描写，教师可以引导学生朗读并体会司马迁场景描写手法的精妙之处，在写文章时要学会对场景进行详略得当的安排，真

正做到学以致用。

小 结

面对《鸿门宴》这篇优秀的阅读文本，教师在教学时要积极引导学生借鉴其写作手法，实现读和写这两个目标。教师在引导学生读懂这一篇课文的同时，还要让学生学会灵活运用，做到以读促写，读写并重，优化学生的写作方法，从而使语文教学的阅读和写作能够有机结合，由此探索出一条提高语文教学效果的新途径。

参考文献

［1］曹太有．《鸿门宴》人物语言描写艺术特色赏析［J］．学语文，2018（1）．

［2］陈小玉．初中语文以读促写教学实践研究——以岭南师院附中东方实验学校为例［D］．广西师范大学硕士学位论文，2020．

［3］丁素君．《鸿门宴》人物赏析［J］．科普童话，2017（14）．

［4］郭林．《鸿门宴》中樊哙形象的虚化及其意义［J］．语文月刊，2021（3）．

［5］胡旭容．对比鲜明形象突出——浅谈《鸿门宴》中的对比手法［J］．中学语文，2009（24）．

［6］刘志锋．《鸿门宴》中"樊哙撞帐"的语言描写艺术［J］．文学教育（上），2010（5）．

［7］唐彪辑．家塾教学法［M］．上海：华东师范大学出版社，1992．

［8］温儒敏．普通高中教科书语文必修下册［M］．北京：人民教育出版社，2020．

［9］谢鹏．试论《鸿门宴》的叙事艺术［J］．文教资料，2011（34）．

［10］杨小英．性格决定成败——《鸿门宴》人物性格分析［J］．中学语文教学参考，2019（15）．

［11］叶圣陶．叶圣陶语文教育论集（第2版）［C］．北京：人民

教育出版社，2015.

　　[12] 殷晶晶."以读促写"运用于高中议论文写作教学的策略研究[D]. 江西师范大学硕士学位论文，2015.

以"图"促"文","图"思泉涌
——以统编高中语文教材古诗文插图为例

王姣姣

摘　要：统编高中语文教材中的插图种类、形式繁多，容易引起视觉上的冲击和学生的发散思维，也即图像思维。这对高中生核心素养的培育具有重要作用。本文对高中语文教材中的古诗文插图进行研究，尝试探究古诗文插图的价值，以促使学生"图"思泉涌，提升他们的语文核心素养。

关键词：古诗文；插图价值；思维发展；核心素养

统编高中语文教材选文丰富，并配有大量插图，具有鲜明的时代感。插图是语文课堂教学和语文教材助读系统的重要组成部分。语文教学的主要目的是促进学生的发展，本质是进行语言文字的教育。"进行听说读写的语言教学是语文教学的基本任务，语言教学是整个语文教学的基础和核心。"作为语文教师，要运用所能获得的一切课程资源来促进学生正确把握与运用语言文字。教材是学生学习语文的载体，插图作为课文的辅助，能激发学生的联想与想象能力。古诗文的学习更需要学生通过联想与想象体会诗歌的意境，这就要求教师在教学中营造联想与想象的空间，可借助插图提升学生的思维能力。统编高中语文教材较之人教版修改了许多内容，其中的插图不管取材、编排还是设计都非常贴

---

① 基金项目：本文为黔南州2021年教育科学规划课题立项项目"统编语文教材古诗文选篇语言文字教育研究"（项目编号：2021B009）阶段性成果。

② 王姣姣，黔南民族师范学院2021级学科教学硕士研究生，研究方向为学科语文。

近教学内容，学生从插图中获取信息不仅是语文核心素养的要求，也是高考的考点。本文以统编高中语文教材中的古诗文插图为切入点，探寻古诗文插图对高中学生语文学习的重要意义。

一、高中语文古诗文插图的价值

（一）促进思维发展

高中生的认知正处于抽象思维与逻辑思维的发展阶段，但并不意味着高中生可以忽视形象思维，忽略插图形象直观的学习价值。高中语文教材中配置的插图与文本内容密切相关，作为语文教材的第二语言，插图不可或缺，是重要的课程资源，也是发展学生思维的重要工具。插图既可以带给学生视觉享受，也可以诱导学生根据插图展开思考，开阔思维，获得直觉体验。

例如教学《鸿门宴》一课时，教师的关注点在于史传文的叙述特点，若要引导学生深入把握人物特征，教师应当关注插图，深入分析插图中的人物，帮助学生理解文本。《鸿门宴》中项庄舞剑、项伯亦拔剑起舞这一片段，插图生动逼真，符合了文本中"项伯亦拔剑起舞，常以身翼蔽沛公，庄不得击"的描写。教师在教学中可以引导学生思考以下问题：第一，项伯为何如此保护刘邦，文本中有哪些语言可以帮助理解项伯的意图；第二，项伯属于项羽阵营，为何只顾刘邦的生死而不顾项羽。借助插图中的细节，学生可运用形象思维，领悟作者描写人物的笔法，理解项羽的命运。可见插图与文本的结合可以提高思辨能力。

（二）丰富审美体验

古诗文之优美在于它的语言、节奏、韵律，是作家心灵的自由书写，是客观的审美对象，学习古诗文也是培养学生审美体验的路径。统编高中语文教材中的古诗文选文都是几千年来经久不衰的优秀作品，教材为古诗文所配的插图具有优美的文学意境，可以丰富学生的审美体验，例如《阿房宫赋》一文中的阿房宫图。杜牧的《阿房宫赋》打开了人们对阿房宫的想象，书中插图虽然未能表达作品的全部内容，却给人带来身临其境的感受，教师在教学过程中可充分运用阿房宫的插图，带领学生感受插图与文本的意蕴，形成健康向上的审美情趣，落实"审美鉴赏与创造"的核心素养。

（三）注重传统文化

绘画是中国传统文化的一部分，以绘画作品作为古诗文的插图能够加深学生对传统文化的直观感受。

例如《子路、曾皙、冉有、公西华侍坐》一文选用的插图是宋代刘氏天香书院刻本《论语》书影。"论语"二字可以看作一幅书法作品。书法作品是传统文化的一部分，在《子路、曾皙、冉有、公西华侍坐》的教学中，书法作品被带入课堂，与文本形成合力，可使学生通过书影上醒目的字体，观察其书写形式、大小及字体的变化，感受古人的价值观与行为准则。教师要引导学生把握插图传递的文化思想，让教材中的每一幅插图都充分发挥其特定的意义，与文本相互配合，促进传统文化对学生的感染力与吸引力。

二、高中语文古诗文以图促文策略

（一）图境相生，培养语言运用能力

古诗文优美的语言是语文学习的典范，《普通高中语文课程标准（2017年版）》在教材编写建议中提到"教材的选文应具有典范性和时代性，文质兼美的特点"。古诗文是经受了时间考验的流传数千年的优秀作品，其语言值得一代一代人传承。语文课程肩负着培育学生文学、文化素养的重任，而古诗文文质兼美、语言精练、内涵丰富，读起来朗朗上口，是学习语文的典范。朱自清先生主张中学生应当诵读相当分量的文言文，特别是古文，乃至古书。这是古典的训练，文化的教育。一个受教育的中国人，至少必得经过古典的训练，才成其为受教育的中国人。古诗文文质兼美，可作为王荣生教授笔下的"定篇"，大多数古诗词篇幅短小，其艺术风格、含义、语言都要通过精讲细读，才能让学生准确理解并把握。

要透彻理解古诗文，插图便可作为辅助。古诗文教学需创设情境，插图中的山水人文风景意境深远，可以为教学营造意境，将之作为创设情境的切入点。如引导学生观察插图，以自己的语言描述插图，在观察中发挥想象力，发展语言思维能力。

例如教学统编高中语文选择性必修上册古诗词诵读中以"孤篇压全唐的《春江花月夜》"一诗时，在导入过程中，教师可以先让学生观察插图中的意象，以自己的语言描述所看到的春江花月夜的场景，感受画面营造的意境与氛围，激发学生的学习兴趣。

（二）图思泉涌，提升思维能力

《普通高中语文课程标准（2017版）》提到语言是重要的交际工具，也是重要的思维工具；语言的发展与思维的发展相互依存，相辅相成。插图是文本的第二语言，是对文字的补充，对于文字未能阐明的情况，插图可以更直观地引起学生的兴趣。

例如教学《鸿门宴》一文，有的教师认为可以根据插图上的人物座次，引导学生研读课文中与座次相关的文字，从而落实"语言建构与应用"这一核心素养，这确实是一项贴合文本的教学策略。本文认为还可以通过插图中的人物座次，引导学生思考作者为何如此安排座位，有什么意义。鸿门宴是项羽作为主人安排的一场宴会，项羽坐在西边，是宴会的最佳位置，项羽的大臣坐在第二重要的位置，刘邦及手下的位置次之。学生借助文本与插图，便能明白刘邦处境之艰难，体会到项羽对刘邦的不敬。

结　语

在新课标的指引下，语文教学正在探寻通过不同的教学资源培养学生的语文核心素养，促进学生正确运用语言文字。语文教材中的插图是重要的课堂教学资源，是语文教学要素中的一部分，插图形象、直观，可以增强文本的表现力，激发学生的学习兴趣，教师要重视插图在教学中的价值，促进学生语文核心素养的发展。

参考文献

[1] 王荣生. 语文科课程论基础 [M]. 北京：教育科学出版社，2014.

[2] 陈娟，李震. 生成教学空间：高中语文教材插图的运用指向 [J]. 中学语文教学，2021（9）.

[3] 康树林，陈瑶，叶瑞烽. 低年级小学语文教科书插图分析研究 [J]. 现代教育科学，2005（8）.

[4] 宋振韶. 教科书插图的认知心理学研究 [J]. 北京师范大学学报，2005（6）.

[5] 黄淑娴. 部编版初中语文教材中的插图研究 [J]. 桂林师范高等专科学校学报，2021（4）.

[6] 刘雍. 同文异图：人教版与统编版高中语文教材插图对比研究 [J]. 语文教学与研究，2021（17）.

[7] 中华人民共和国教育部制定. 普通高中语文课程标准：2017年版2020年修订 [S]. 北京：人民教育出版社，2017.

[8] 王荣生. 语文科课程论基础 [M]. 北京：教育科学出版社，2014.

[9] 沈霞. 从深度学习走向核心素养——以张若虚《春江花月夜》教学为例 [J]. 课外语文，2019（18）.

[10] 熊纪涛. 统编版高中语文必修教材的插图类型及教学价值 [J]. 教学与管理，2020（28）.

[11] 王伟. 浅谈高中语文教材中插图在教学中的应用—以部编版教材为例 [J]. 文教资料，2021（11）.

[12] 徐福生. 巧挖"泉眼"，让初中作文课堂"文思泉涌" [J]. 中学课程资源，2020（2）.

[13] 郑新丽. 统编初中语文教材的插图统计分析 [J]. 教育导刊，2019（10）.

[14] 蒋发科. 巧用教材提高高中语文教学质量撷探 [J]. 成才之路，2019（29）.

浅析劝谏类文言文对口语交际教学的意义
——以统编版高中语文必修下册为例

何小兰[①]

摘　要：口语交际教学历来是高中语文课程的重要板块，但实际教学中仍存在许多问题。文言文作为我国古代的优秀文化，蕴含了丰富的语言文字艺术。本文就口语交际教学的现状，以统编版高中语文必修下册劝谏类文言文为主，浅析此类文言文中的说话艺术对口语交际教学的意义。

关键词：统编版；高中语文；劝谏类文言文；口语交际教学

引　言

社会的进步和发展对人才的需求不断增加，学校作为培养人才的重要场所，在传授知识的同时更要提高学生的能力，交际能力便是其中之一。口语交际教学是培养学生交际能力的重要途径。文言文作为祖国优秀的传统文化，亦是语文课程学习的重中之重。文言文具有丰富多彩、意蕴无穷的语言魅力，口语交际离不开语言，把文言文教学与口语交际教学结合起来很有必要。

[①] 何小兰，黔南民族师范学院2018级汉语言文学专业本科生。

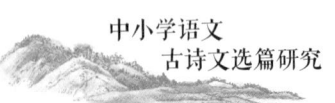

一、概况

（一）统编版高中语文教材中文言文篇目的变化

统编版高中语文教材是由温儒敏担任主编、教育部组织编写，历时三年才得以完成。相较于人教版教材，统编版教材进行了很多调整。就文言文来看，人教版语文教材从必修一到必修五共有文言文 18 篇，每本教材大约有 3 到 4 篇。统编版必修语文教材共有文言文 30 篇，其中必修上下册有 14 篇，选择性必修上中下册有 16 篇。可见统编版高中语文必修教材的文言文总体数量增加了。就题材来看，统编版必修教材中涉及劝谏艺术的文言文共有 12 篇，占总篇目的 40%。可以看出在新课程背景下，培养学生语言文字运用及说话艺术的受重视程度。

本文侧重分析统编版高中语文必修教材下册中的《烛之武退秦师》《齐桓晋文之事》《谏逐客书》《谏太宗十思疏》这 4 篇劝谏色彩较浓的文言文，以探讨劝谏艺术对口语交际教学的意义。

（二）劝谏艺术

《说文解字》释"劝"为形声字，从力，本义为勉励，引申义为拿道理说服人、使人听从。《说文解字》释"谏"为形声字，从言，从柬，本义是向君王阐述各种可能的选择并指出最佳选项，引申义是直言规劝君王做出的错误选择。"劝谏"就是劝帝王做出正确的选择。劝谏艺术作为古代说话艺术的一种，往往是通过委婉的语气向君主或比自己地位高的人提出建议或意见。劝谏是一门比较复杂的说话艺术，运用恰当的话可以产生良好的效果，如果运用不当，不但不会起到规劝作用，还会为直言劝谏者带来生命危险。劝谏能否产生相应的作用与效果，取决于劝谏对象和劝谏时机等因素。也正是因劝谏的复杂性，才有了让人难以抗拒的语言魅力。

(三) 口语交际与口语交际教学

1. 口语交际

口语交际即交际双方在一个特定的环境里，为了达到自己的目的，通过运用口头语言进行的一种以信息互动为基础的情感交流活动。孙汝建在《口语交际艺术》中认为口语交际就是特定的人为了自身的目的，通过谈话内容、方式传达思想和信息的一种言语活动。李仲师在《口语交际艺术教程》中说口语交际是一种用口语开展人际交往的信息交流现象，具有普遍性。可见口语交际是一种社交能力、一种重要的沟通手段、一门语言表达艺术、一套人际交往策略。

2. 口语交际教学

口语交际教学就是培养学生的口语表达能力。在课堂上，教师可以通过教学帮助学生学习掌握口语交际技巧，使学生不断完善自己，提高社交能力，增加自信。《义务教育语文课程标准（2011年版）》提出要培养学生倾听、表达和应对能力，让学生能够文明和谐地与人交流。

二、口语交际教学的重要性及教学现状

2000年颁布的教学大纲将小学大纲中的"听话、说话"、初中大纲中的"听话训练、说话训练"、高中大纲中的"说话能力"统一改为"口语交际"。联合国教科文组织也说新时代的人才必须要学会生存、学会学习、学会交际。这是一个本质的转变，自此口语交际教学的重要性日益受到重视。口语交际具有重要的作用，它能帮助人们表达自己的情感、交流思想、传递信息、宣传教育，是协助人们广交朋友、发展合作、加深友情的重要桥梁。

《义务教育语文课程标准（2011年版）》提出要培养学生日常口语交际的基本能力，学会表达、倾听与交流，能初步运用口头语言文明地进行人际沟通和社会交往。《普通高中语文课程标准（2020年修订版）》中的表达与交流模块也提出了增强人际交往能力，培养学生在口语交际中树立自信，尊重他人，仪态得体大方，善于倾听，灵活应对。能根据口语的特点、不同交际场合、交际目的，适当地进行表达。借助语调和

语气、表情和手势，增强口语交际的效果。学会演讲，做到观点突出、材料充分、生动，有说服力与感染力，有个性和风度。在讨论或辩论中积极主动地发言，恰当地应对和辩驳。可见口语交际教学的重要性。

然而，当前的口语交际教学也存在一些问题。

（一）教师不够重视

应试教育背景下，教师更多地关注向学生传授应试技巧，对口语交际教学这种实践性较强的课程不够重视，缺乏深入的思考和研究，只是把口语交际作为口头上的教学任务，认为在课堂上与学生开展简单的对话就是口语交际。这种错误的认知不仅浪费了课堂时间，也没有使学生的口语交际能力得到锻炼。

（二）学生处于被动状态

在课堂上，经常出现教师开始提问，学生就低下头的场景。受应试教育影响，不少学生只会埋头苦学，羞于表达，在课堂中缺乏表达的主动性，长期处于机械学习和被动状态，不仅不利于课堂教学的开展，也不利于自身发展。

（三）缺少针对性学习及训练

普通高中的口语交际教学以课堂提问为主要手段，但很多时候，教师关注的不是学生回答问题时句子是否通顺、表达是否连贯、逻辑是否清晰，而是学生是否涉及得分点、说到了几个关键词。学生回答问题时磕磕巴巴，表达不出自己的主要观点，缺乏逻辑思维。可以看出课堂提问的教学方式并没有对学生的口语交际能力起到实际的锻炼。课内尚且如此，课外更是少有人重视口语交际的学习和训练，导致学生对口语交际的知识及技巧存在盲区。

三、劝谏类文言文对口语交际教学的意义

劝谏类文言文的劝说对象大多地位高贵，如《烛之武退秦师》中的秦穆公、《谏逐客书》中的秦始皇、《齐桓晋文之事》中的齐宣王、《谏

太宗十思疏》中的唐太宗，均为一国之君，劝谏者烛之武、李斯、孟子、魏徵等人多为朝臣。可见劝谏类文言文中的对象具有特殊性，使劝谏充满了复杂性。能成为一国之君的人往往是有思想、有智慧的人。例如《谏太宗十思疏》中的唐太宗就是一个开明的君主，在魏徵劝说之后明白了居安思危的道理，把其文章放在床头提醒自己要戒奢以俭，积其德义。这启发我们在口语交际时，不要因为与对方的地位悬殊就放弃，可根据不同情况选择不同的劝说策略，灵活运用劝谏方法，提高劝谏成功的可能性。

（一）劝谏类文言文的相同点

1. 劝谏对象地位相同

《烛之武退秦师》《谏逐客书》《齐桓晋文之事》《谏太宗十思疏》中的劝谏对象具有地位相同的共同点。烛之武的劝谏对象秦穆公是春秋时期的政治家、秦国的第九位国君、"春秋五霸"之一。李斯的劝谏对象秦始皇嬴政是中国历史上杰出的政治家、战略家、改革家，是第一个完成大一统和称皇帝的君王。《齐桓晋文之事》中的齐宣王是战国时期的齐国国君、齐威王之子。《谏太宗十思疏》中的唐太宗李世民是唐朝的第二位皇帝，有名的政治家、战略家、军事家、书法家、诗人。本文分析的4篇劝谏类文言文中的劝谏对象都是一国之主，位高权重。

2. 劝谏语言丰富

首先来看《烛之武退秦师》中的语言艺术。烛之武在劝说秦穆公的过程中措辞丰富，列举了"亡郑以陪邻？邻之厚，君之薄也"与"若舍郑以为东道主，君亦无所害"，"许君焦、瑕"与"朝济而夕设版焉"，"行李之往来，共其乏困"与"阙秦以利晋，唯君图之"三组对比，从多方面说明了秦穆公攻打郑国的坏处，把鲜明的利害关系摆在秦穆公面前。对立性词句的运用极大地增强了文章的感染力和说服力。除了三组对比，文中还有"壮"与"老"、"围"与"还"等对立性词语，使烛之武的劝说言辞犀利，句句在理。正是有了烛之武丰富的语言，郑国才能免于亡国，还巧妙地离间了敌国的联盟，杜绝了秦晋再次联合起来攻打郑国的隐患。此外，烛之武还善于利用疑问句，如"焉用亡郑以陪邻""夫晋，何厌之有""既东封郑，又欲肆其西封，若不阙秦，将焉取之"

等,把问题抛给秦穆公,让秦穆公自己得出答案,而不是长篇大论地说大道理,让秦穆公接受。

其次是李斯的《谏逐客书》。这篇文章辞藻华丽,运用了多种艺术手法。李斯劝谏秦始皇的原因是想让他收回逐客令,所以文章一开头就引用了大量事实来证实客卿为秦国做出的重大贡献。如秦穆公求取由余、百里奚、蹇叔、邳豹、公孙支等人,秦孝公重用商鞅,秦惠王重用张仪,秦昭王重用范雎。通过四代秦国君王重用他国客卿取得辉煌成就的事实明确了自己不认可逐客令的立场,继而通过铺陈的手法列举了"夜光之璧、犀象之器、郑卫之女、骏良䯄騠、江南金锡、西蜀丹青、宛珠之簪、傅玑之珥、阿缟之衣、锦绣之饰、佳冶窈窕、异国之乐"这些来自各诸侯国的珍宝美人,说明如果秦王只肯用秦国的本土产物就不会拥有这些宝物,用宝物暗喻客卿,表达了秦王下达逐客令的荒唐。接着又通过正反对比的手法进一步说明秦王逐客令的危害,正面提出了"臣闻地广者粟多,国大者人众,兵强则士勇"的观点,并且通过"太山不让土壤,故能成其大;河海不择细流,故能就其深;王者不却众庶,故能明其德"三个排比句来证实自己观点,暗示秦王只有积极引进客卿人才,唯才是举,如太山与河流那样不拒绝、不放弃任何小小的泥块和微弱的溪流,才能让天下归心、国富民强。紧接着从反面提出了如果秦王执意逐客,只会"资敌国,业诸侯,使天下之士退而不敢西向,裹足不入秦",从而"借寇兵而赍盗粮""损民以益雠""树怨于诸侯",使国家陷入危难。李斯通过有力的言语和一正一反的鲜明对比,淋漓尽致地展示了逐客令的弊端,让秦王放弃了逐客的想法并废除了逐客令,使秦王身边聚集了大量的优秀人才,帮助秦王完成了一统山河的大业。

再次是孟子的《齐桓晋文之事》。在这篇文章中,孟子充分表现了他精湛的论说艺术与言语技巧,运用大量的比喻句,如"吾力足以举百钧,而不足以举一羽""明足以察秋毫之末,而不见舆薪""挟太山以超北海""为长者折枝"等,使劝谏具有形象性且浅显易懂。孟子还运用了大量排比句与对偶句,如"羽之不举,为不用力焉;舆薪之不见,为不用明焉;百姓之不见保,为不用恩焉""见其生,不忍见其死;闻其声,不忍食其肉"等,使文章更富有气势,也使劝谏更有说服力。不仅如此,孟子还擅长通过正反对比突出要宣扬的道理,如通过"推恩足以保四海，不推恩无以保妻子"，"恩足以及禽兽"和"功不至于百姓"，"挟太山以超北海"与"为长者折枝"三组对比，把推恩与不推恩的利害摆在齐宣王的面前，指出了齐宣王不合理的治国方式。丰富的劝谏语言和艺术让孟子的劝说层层递进，最终成功让齐宣王认识了其所宣扬的王道。

最后是魏徵的《谏太宗十思疏》。这篇文章同样运用了丰富的劝谏语言，一开头魏徵就通过"求木之长者，必固其根本；欲流之远者，必浚其泉源；思国之安者，必积其德义"两组比喻提出了自己对治理国家的看法。排喻的运用增强了文章的说服力。在这组排喻中，魏徵选取了贴近生活的物象，这便让劝谏的语言通俗易懂、自然。文中还运用了大量的正反对比论证，如"求木之长者，必固其根本"与"根不固而何求木之长"的对比，以及"有善始者实繁，能克终者盖寡"等，从不同方面剖析了治国的道理。这些劝谏语言使魏徵的说理更加透彻，把道理讲得清晰而又有说服力。

（二）劝谏类文言文的不同点

1. 劝谏目的不同

在《烛之武退秦师》中，烛之武劝谏的目的是让秦穆公放弃攻打郑国，使郑国成为秦国的附属国从而免于亡国。如果说烛之武的劝说是出于国家的利益，那么李斯更多的是为了维护自身的利益。李斯是楚国的上蔡人，不是秦国人。在《史记·李斯列传》的记载中，韩国让水工郑国去游说秦始皇，提议秦国应该开凿沟渠以便灌溉农田，试图通过消耗秦国人力从而使之不能攻打韩国，实施所谓的"疲秦计划"。被揭发后，秦王听信宗室大臣的进言，认为客卿都不怀好意，就下令驱逐客卿。同被驱逐的李斯虽然恐惧不安，还是主动上书劝说秦王不要逐客，写出了千古留名的《谏逐客书》。

《齐桓晋文之事》一文主要写了孟子通过游说齐宣王放弃霸道，施行王道的经过。孟子劝谏的目的就是向齐宣王宣扬王道。《谏太宗十思疏》是魏徵在贞观十一年写给唐太宗的奏章，本意在于劝谏唐太宗要懂得居安思危。唐太宗李世民即位初期励精图治，但逐渐骄奢忘本，大修宫殿，劳民伤财。魏徵看到了繁华背后的危机，所以写了《谏太宗十思疏》来告诫唐太宗需戒奢以俭，从而在日后治理国家的时候奋发图强并懂得常备不懈。可见烛之武、李斯、孟子、魏徵等人展劝谏的目的和出发点各不相同。

2. 劝谏方法不同

在《烛之武退秦师》中，烛之武根据劝谏对象秦穆公的特点选择了避重就轻的策略。从本质上来说，烛之武与秦穆公是敌对的两方。烛之武劝谏之前是清楚这一点的，所以从开始就对游说的目的避而不谈，只是谈论一些不相关的事情。他选择了谈论秦国的利益作为起点，从而引起秦穆公的兴趣，然后把自己放在秦国的立场，分析秦国攻打郑国的得失，通过清晰条理的分析让秦穆公意识到自己攻打郑国是百害而无一利的。接着烛之武顺情入境，把郑国放在一个低下的位置，说"若舍郑以为东道主，行李之往来，共其乏困，君亦无所害"，为秦穆公把利益考虑到了最大化，继而达成共识。所以秦穆公不但没有攻打郑国，还留下了三名大将驻守郑国。烛之武也成功保住了郑国，避免了国破家亡的局面，使郑国人民免受亡国之痛。

在《谏逐客书》中，面对多疑的秦王嬴政，李斯采取了由轻到重、步步推进的劝谏方式，一步步揣摩秦王的心理，使秦王在心理上逐步接受自己的劝谏。秦王认为他国客卿来到秦国都心怀鬼胎，所以李斯在劝谏时避开了逐客这件事的起因，只抓住逐客这件事对秦国产生的弊端进行论证，完全从秦国利益出发，让秦王更容易接受李斯接下来的一番解释，也更愿意听下去。李斯又通过比喻的手法分析了重用客卿的好处，像"太山不让土壤，河海不择细流"，秦国才能"地广粟多、国大人众、兵强士勇"。如果反其道而行，只会让百姓和宾客去帮助敌国、侍奉诸侯，天下有才能的人都不敢入秦，就像把武器借给敌寇，把粮食送给盗贼，简直得不偿失。李斯凭借精湛的劝谏艺术，让秦王收回了逐客令，由逐客变为留客、用客、重客，从而成就了他在秦国的政治生涯。

《齐桓晋文之事》的开头齐宣王就问孟子有没有听过齐桓、晋文的事，表现出自己对称霸之道的兴趣，这与孟子宣传的王道是相反的。但孟子并没有因为话不投机而放弃劝谏，而是用一句"臣未之闻也"避开了话题。面对这种情况，孟子选择了循序渐进的劝说策略。这种策略的好处在于劝说者不用一开始就把所要表达的东西全盘托出，而是一步步地引导听话者对所谈论内容的兴趣。对齐宣王问自己是否可以保民的问题，孟子作了肯定的回答："可。"得到孟子的肯定，齐宣王心情大好。孟子深知齐宣王谈论齐桓、晋文都是借口，其真正的目的只是称王称霸，所以听到孟子回答能"保民"时齐宣王自然就有了兴致。明白了对方的兴趣，劝谏就容易多了。这时孟子开始设置诱饵，齐宣王想称霸天下，所以孟子就回了一句"无以，则王乎"，齐宣王可能对道德、王道不感兴趣，但统一天下的话题由不得他不听，再以"牛羊何择焉"为话题，既避免了齐宣王对王道失去兴趣，又夸赞了他的慈悲之心。后面的谈话始终围绕着齐宣王的兴趣进行，在此过程中孟子运用了许多语言技巧，如"力足以举百钧，而不足以举一羽""明足以察秋毫之末，而不见舆薪""挟太山以超北海""为长者折枝""缘木求鱼""邹人与楚人战"等生动的比喻句，向齐宣王传达了一种道理至真、情事至实的感觉。孟子铺设的强国图景令齐宣王向往，对王道的看法也从一开始的兴致不高变成迫不及待，后文实行王道的具体措施便顺理成章、水到渠成地引了出来。这种迂回曲折、层层递进的方式使孟子的劝谏松弛有度，让齐宣王逐渐接受了自己的劝谏。

在《谏太宗十思疏》中，魏徵的劝说目的是让太宗接受他"十思"的建议。有了明确的目标就可以选择相应的话题。魏徵选取了讲明利害，直截了当的劝谏方式，通过"木之长者，必固其根本"和"流之远者，必浚其泉源"中的树木、河流这种常见的事物讲述治国的原则。精辟的比喻让对话更加流畅，也大大增强了观点的说服力。魏徵在接下来的劝说中还运用了很多正反对比的句子，对唐太宗的过失并没有直接明说，给唐太宗留足面子的同时又能通过反例引发唐太宗反省，起到了此时无声胜有声的效果，也为告诫太宗的"十思"做好了铺垫。在讲明利害的过程中还用"而况于明哲乎"赞扬唐太宗明事理，让劝说氛围变得轻松。

（三）劝谏对口语交际教学的意义

通过对统编版高中语文必修下册4篇劝谏类文言文相同点与不同点的分析，可以看出在口语交际中，不能因为自己与交际对象的地位不同就丧失信心，而是应该努力创造机会，打破僵局保持自信，敢于说出自

己的想法,与他人进行良好的交流。

在口语交际中还要明确目标,学会把握交际对象的特征,根据不同的人物、性格、环境,采取不同的话题,把自己放在他人的立场上揣摩其心理变化,设身处地地感受他们的心情,根据对方的性格特点制定谈话策略,灵活地选择和运用多种交际策略,做到对不同的对象说不同的话,用不同的方法。在口语交际中我们还要尽量避免一开始就步入正题,而是层层切入、步步深化,避免生硬的谈话。另外,还可以营造一个轻松的谈话氛围,防止谈话陷入僵局。

结　语

交流能帮助人们表达自己的意愿,是最基本的沟通手段。培养学生良好的口语交际能力很有必要。学习古诗文既可以增强学生的民族自豪感,又可以将中华民族的优秀文化传承下去。在口语交际教学中融入劝谏类文言文教学,让学生从古人的角度出发,学习古人的说话艺术,可以为学生的口语交际打下坚实的基础,使口语交际教学更有针对性。把劝谏类文言文对口语交际教学的启发作为出发点,探索更多体裁的文言文与口语交际教学的关联,可以让沉闷的古文课堂活起来,也能让学生大胆说出来。

参考文献

[1] 陈安阔. 浅议劝说他人的艺术 [J]. 华北水利水电学院学报(社会科学版), 1998 (4).

[2] 陈乃香. 试析《谏太宗十思疏》高妙的劝谏艺术 [J]. 中学语文园地(高中版), 2007 (6).

[3] 贾歌. 在解读文言文中讲解口语交际规范 [J]. 语文教学之友, 2008 (10).

[4] 焦阳. 新课程背景下高中语文口语交际教学的思考与探索 [J]. 大连:辽宁师范大学硕士学位论文, 2011.

[5] 李仲师. 口语交际艺术教程 [M]. 长春:长春出版社, 1990.

[6] 李艳华. 高中生口语交际能力培养浅探 [D]. 长春:东北师

范大学硕士学位论文，2004.

[7] 孙汝建. 口语交际艺术［M］. 武汉：华中科技大学出版社，2013.

[8] 王艳春. 古诗文教学对口语雅化的作用［D］. 上海：华东师范大学硕士学位论文，2006.

[9] 温儒敏. 普通高中教科书语文必修上册［M］. 北京：人民教育出版社，2019.

[10] 温儒敏. 普通高中教科书语文必修下册［M］. 北京：人民教育出版社，2020.

[11] 温儒敏. 普通高中教科书语文选择性必修上册、中册、下册［M］. 北京：人民教育出版社，2020.

[12] 袁行霈. 普通高中课程标准实验教科书语文 1、2 必修［M］. 北京：人民教育出版社，2006.

[13] 袁行霈. 普通高中课程标准实验教科书语文 3、4、5 必修［M］. 北京：人民教育出版社，2007.

[14] 张茗弈. 烛之武的劝谏艺术［J］. 课程教育研究，2016（3）.

[15] 张誉上. 孟子的"劝说"言语行为研究［D］. 曲阜：曲阜师范大学硕士学位论文，2019.

[16] 郑飞. 高中语文新课程背景下文言文教学新思考［J］. 新课程（中学），2016（4）.

[17] 中华人民共和国教育部制定. 普通高中语文课程标准（2017年版）［M］. 北京：人民教育出版社，2017.

[18] 中华人民共和国教育部制定. 普通高中课程方案（2017年版2020年修订）［M］. 北京：人民教育出版社，2020.

[19] 庄宽. 中学语文口语交际教学的困境—新课程视野下的中学口语交际教学反思之一［J］. 现代语文（教学研究版），2009（8）.

统编版与人教版高中语文必修教材古文注释比较研究

梁婷婷[①]

摘　要：注释是分析和鉴赏作品不可或缺的助读工具。学生对古文注释的学习和掌握，很大程度上会影响对文章的理解和欣赏。因此，古文注释在语文课堂教学中占有举足轻重的地位。本文对人教版与统编版高中语文必修教材中的古文注释进行比较，以分析注释变动的原因。

关键词：统编版；人教版；高中语文；古文注释

引　言

时代在发展，社会在进步，一切旧的事物都有可能被新事物所代替，高中语文教材也不例外。人教版高中语文教材自 1985 年开始试验，2000 年正式推行，其间该版教材一直处于一家独大的状态，直至 2003 年教育部颁布了《普通高中语文课程标准（实验）》，各版教材才相继推行，高中语文教材呈现出"百花齐放"的局面。后来教育部又颁布了《普通高中语文课程标准（2017 年版）》（简称《课标》），2019 年推行了由教育部组织编写的统编版高中语文教材，在各地陆续开始试行。

两版教材在选材、组材、导学等方面都存在着很大的差异，而古文作为语文教材的重要组成部分，其变化亦非常明显，选篇布局均有改动，相同古文选篇中变化最大的当属注释。《课标》明确指出中国古代文学作品所选篇目不能低于整本教材选文的二分之一，一定程度上加大了古文教学的难度。《课标》还提出在研习中国传统文化经典时，要

---

① 梁婷婷，黔南民族师范学院 2018 级汉语言文学本科毕业生。

"梳理所学作品中常见的文言实词、虚词、特殊句式和文化常识，注意古今语言的异同"，在教学提示中也提到了"引导学生借助注释、工具书独立研读文本"。《课标》提出的古文教学重难点，一定程度上为古文教学指明了方向，教师和学生在贯彻课程标准要求的过程中，应把教材中的注释作为一手材料，因为注释中包含了大量古文学习所要积累的重难点，对教学有重要作用。这就对古文注释的科学性和准确性提出了严苛的要求，促进了新教材古文注释的变动。本文对统编版与人教版高中语文必修教材的古文注释进行了比较，以为古文教学提供帮助。

一、概念界定

（一）统编版与人教版高中语文教材

语文教材分为狭义和广义两种。广义上的语文教材指一切可以用于教和学的语文材料，除语文教科书、讲义、讲授提纲，还包括语文教学指导书、参考书、练习册、习题集、课程辅导资料等；狭义的语文教材仅指教学过程中所用到的语文教科书，即语文课本。本文以狭义的语文教材为研究对象。

人教版高中语文教材是根据教育部制定的《普通高中语文课程标准（实验）》，由人民教育出版社课程教材研究所编写的语文普通高中课程标准实验教科书，袁行霈担任主编，包括必修教材和选修教材两种。

统编版高中语文教材是以《普通高中语文课程标准（2017年版）》为依据，由温儒敏教授和教育部联合组织编写，人民教育出版社出版的高中语文教科书，包括必修教材、选择性必修教材和选修教材三种。

本文将选用统编版与人教版两版必修教材中相同篇目的古文注释进行比较分析。

（二）古文注释

古文，从文字学角度看，即上古的文字，泛指秦以前流传下来的篆文体系的汉字，如甲骨文、金文、籀文；从历史发展看，古文指秦以前的文献典籍，也是古文经学的简称；从文学体裁看，古文是古代文言文的统称，包括诗、词、曲、骈文、散文等，与五四以后的白话文相对。本文所讨论的古文为教材中所选的古代散文与骈文。

注释是对书籍或文章的词汇、内容、背景、引文进行介绍、评议的文字。古文注释是高中语文教科书的重要组成部分，是古文教学的重要工具。古文注释分为古注与今注，古注为古人采用文言文的形式为古书所作的注解，有一定的体例，如《庄子·逍遥游》："野马也，尘埃也，生物之以息相吹也。"古注为："尔雅云：邑外曰郊，郊外曰牧，牧外曰野。此言青春之时，阳气发动，遥望薮泽之中，犹如奔马，故谓野马也。"今注则为近人结合前人经验，采用白话文为古书所作的注解，同上例，今注为"春日田野上空气蒸腾浮游如奔马样子的雾气"。可见古注更接近古书，是今注的源头；今注更贴合时代，便于理解。语文教科书中的古文注释多采用容易理解的今注，本文将以今注为主进行分析。

二、古文选篇分布比较概况

两版教材在古文选篇分布上存在着很大的差异。人教版必修教材分为五册，每册四个板块，以阅读鉴赏板块为主，分为四个单元。每册古文篇数分别是必修一3篇、必修二4篇、必修三4篇、必修四3篇、必修五4篇。全册教材涉及6个阅读鉴赏单元，18篇古文，约占教材1/4的篇幅，体量适中，分布均匀。

统编版必修分为必修和选择性必修，必修包括上下两册，每册8个单元，涉及7个学习任务群，古文主要分布于阅读任务群中，其中文学阅读与写作7篇，实用性阅读与交流1篇，思辨性阅读与表达6篇；选择性必修包括上中下三册，每册4个单元，涉及9个学习任务群，古文主要突出在中华传统文化经典研习这一学习任务群中，共15篇。全册教材涉及4个学习任务群8个单元，共30篇古文，约占教材选文的1/4，占比变化不大，但数量明显增加，增加了许多先秦诸子散文，且将阅读细化，单元选文分布从文体、时代向学习群过渡，更具科学性。具体选篇分布情况见表1、表2。

表 1　人教版高中语文必修

必修一（3篇）	《烛之武退秦师》（《左传》）、《荆轲刺秦王》（《战国策》）、司马迁《鸿门宴》
必修二（4篇）	屈原《离骚》、王羲之《兰亭集序》、苏轼《赤壁赋》、王安石《游褒禅山记》
必修三（4篇）	《寡人之于国也》（《孟子》）、《劝学》（《荀子》）、贾谊《过秦论》、韩愈《师说》
必修四（3篇）	司马迁《廉颇蔺相如列传》、班固《苏武传》、范晔《张衡传》
必修五（4篇）	陶渊明《归去来兮辞》、王勃《滕王阁序》、庄周《逍遥游》、李密《陈情表》

表 2　统编版高中语文必修

必修上册（4篇）	苏轼《赤壁赋》、姚鼐《登泰山记》、《劝学》（《荀子》）、韩愈《师说》
必修下册（10篇）	《子路、曾皙、冉有、公西华侍坐》（《论语》）、《齐桓晋文之事》（《孟子》）、《庖丁解牛》（《庄子》）、《烛之武退秦师》（《左传》）、司马迁《鸿门宴》、李斯《谏逐客书》、魏徵《谏太宗十思疏》、王安石《答司马谏议书》、杜牧《阿房宫赋》、苏洵《六国论》
选择性必修上册（6篇）	《〈论语〉十章》（《论语》）、《大学之道》（《礼记》）、《人皆有不忍之心》（《孟子》）、《〈老子〉四章》（《老子》）、《五石之瓠》（《庄子》）、《兼爱》（《墨子》）
选择性必修中册（4篇）	司马迁《屈原列传》、班固《苏武传》、贾谊《过秦论》、欧阳修《五代史伶官传序》
选择性必修下册（6篇）	李密《陈情表》、归有光《项脊轩志》、王羲之《兰亭集序》、陶渊明《归去来兮辞并序》、柳宗元《种树郭橐驼传》、苏轼《石钟山记》

三、相同篇目古文注释比较分析

由上文可知，两版必修教材中相同的古文选篇共 10 篇，分别是《赤壁赋》《劝学》《师说》《烛之武退秦师》《鸿门宴》《苏武传》《过秦论》《陈情表》《兰亭集序》《归去来兮辞并序》，仅占所选篇目的 1/5，可见变化之大。相同篇目下变动最大的当为注释，注释的变化紧跟时代，深入贯彻了注释的准确性、科学性、简洁性、同一性原则。对两版教材的古文注释进行比较对语文教学有一定的积极意义。

（一）内容的增减

10篇古文注释条目的数量，人教版有714条，统编版有675条，减少了39条。从具体篇目上看，各篇目的注释数量有增有减，变化不大。具体见表3。

表3

篇目	数量（条）		
	人教版	统编本	变化（人→统）
《赤壁赋》	53	52	−1
《劝学》	40	42	+2
《师说》	52	55	+3
《烛之武退秦师》	44	37	−7
《鸿门宴》	84	89	+5
《苏武传》	156	139	−17
《过秦论》	73	74	+1
《陈情表》	79	76	−3
《兰亭集序》	49	37	−12
《归去来兮辞并序》	78	74	−4

注释条目的变化具体表现为内容的增减。从人教版到统编版，或删减旧注，如《烛之武退秦师》直接删减旧注8条，有虚词"若"，该词为学生初中阶段应该积累掌握的虚词之一，高中阶段无须刻意标注；实词"辞"，译为"推辞"，为实词常见义，学生结合上下文，通过单音节词变双音节词的方法进行直译即可，故可删除；句子"是寡人之过也"无特殊用法，是学生可直译的句子。又如《兰亭集序》删减旧注13条，包括常见的"暮春之初"，学生在日常学习中经常接触，无须刻意注释；实词"激湍"，如今仍在使用，实词"信"，为必修上册中就已积累的实词难译项，故都没有继续保留的必要。

或增加新注。如《鸿门宴》增加新注13个，包括"王"名词用如动词的词类活用现象，"活之"的使动用法，以及"婚姻"等古今异义项等，都是学生难以掌握而又不得不积累学习的文言特殊用法。又如

《过秦论》增加新注 4 项，包括生僻字词"镞"、古时地名"西河"，以及"延敌"等，都是学生在初读文章口译时难以把握的，需要特别标注，以便学生理解运用。

或释词变为释句、释句变为释词。如《师说》中双音节词组"之徒"注释变为"郯子之徒"的整句，"之徒"在人教版教材中译为"这些人"，与人名"郯子"相连，略显抽象，学生很容易忽略注释，想当然地将其译为郯子的学生，统编版将整句进行了注解，可使学生更加明确句子意思，同时了解文言文与白话文表达的差异；又如"术业有专攻"一个注释项变为"术业"和"专攻"两个双音节词组注释项。这类改变多建立在整句无特殊表达，而又有学生需掌握的知识的句子上。《苏武传》中的此类变化最为突出，有 24 个注释项发生了变化，其中双音节短语注释变单音节词注释或多音节短语注释变单双音节词注释的情况最多，包括"益骄"变为"益"、"私候胜"变为"私候"、"其一人也亡"变为"亡"等，均保留了重点或难译字词，省略了学生能力范围内可翻译的字词，一定程度上可以培养学生的思辨能力，学会把握重点，分清主次。10 篇古文注释的具体变化情况见表 4。

表 4

篇目	变化		
	统编版删减	统编版新增	字句转换（人教—统编）
《赤壁赋》	月明星稀，乌鹊南飞：这是曹操短歌行里的诗句。 孟德：曹操的字。 驾一叶之扁舟：驾着一只小船。一叶，形容船小。 骤得：救得，屡次得到。	困：受困。指曹操败于赤壁。 骤：一下子，很轻易地。 更：再。	诵明月之诗，歌窈窕之章——明月之诗和——和之
《劝学》	须臾：片刻。 博见：见得广。	知：同"智"，见识。 舆马：车马。这里指车子。 埃土：泥土，尘土。 黄泉：地下的泉水。	用心一也——一跪——六跪

续表4

篇目	变化		
	统编版删减	统编版新增	字句转换（人教—统编）
《师说》	生乎吾前：即生乎吾前者。乎，相当于"于"，与下文"先乎吾"的"乎"同。 是故：因此，所以。 下：低于。 相师：拜别人为师。 复：恢复。	童子：未成年的男子。 贤：才德优秀。 三人行，则必有我师：语出《论语·述而》，原句是："三人行，必有我师焉。" 贤：超过。 古文：先秦两汉时期的散文，与骈文相对。	无——无贵无贱 之徒——郯子之徒 于其身——身 术业有专攻——术业 术业有专攻——专攻
《烛之武退秦师》	若：假如。 辞：推辞。 子：古代对男子的尊称。 是寡人之过也：这是我的过错。寡人，诸侯的谦称，寡德之人。过，过错。 然：然而。 说：通"悦"。 乃还：于是秦国就撤军了。 去之：离开郑国。之，代指郑国。	壮：壮年。古时男子三十为"壮"。 越国以鄙远：国，指晋国，地处秦、晋之间。	臣之壮也——壮 许之——许 子犯请击之——子犯
《鸿门宴》	为击破沛公军：为，介词，替，给。后省宾语"我"（项羽自称）。 好美姬：美女。 此计：指下文"距关，毋内诸侯"的计策。 秋毫：鸟兽在秋天初生的细毛，比喻细小的东西。近，接触，沾染。 备：防备。 侍：这里是陪坐的意思。 王之：做关中王。之，指以咸阳为中心的关中地带。 如厕：上厕所。如，往。	王：称王。 说：劝说。 活之：救了他。活，使……活命。 幸：幸亏，幸而。 婚姻：亲家，有婚姻关系的亲戚。 数：屡次，多次。 目：递眼色。 三：多次。 璧：平面圆、中心有孔的玉。 玉斗：一种玉制饮酒器皿。 间行：秘密地走。间，秘密地。 度：估计。 撞：敲击。	

续表 4

篇目	变化		
	统编版删减	统编版新增	字句转换（人教—统编）
《苏武传》	乃曰：就说。 答其善意：回报他的好意。 驰召医：（派人）骑马跑去召医生来。 覆武其上：使苏武背朝上卧在燃火的坑上。 募降者赦罪：招募投降的人就免罪。 幸蒙大恩：幸而受到单于的大恩。 赐号称王：赐我爵号称王。卫律曾被单于封为丁灵王。 弥山：满山。 复然：也会这样。 给：供给。 武使匈奴，明年：武出使匈奴的第二年。 置酒设乐：备办酒宴，安排歌舞。 素厚：一向关系很好。 伏剑自刎：以剑自杀了。 诏使孺卿逐捕：（皇帝）命令苏贤追捕。 惶恐饮药而死：因害怕而服毒自杀了。 人生如朝露，何久自苦如此：人生像早晨的露水，（一下子就消失了），何必久久地这样折磨自己？ 亡功德：无功无德。德，指施于民的德惠。 露衿：沾湿了衣襟。露，同"沾"。衿，同"襟"。 诡言：欺骗说。 足有系帛书，言武等在某泽中：脚上系有在绢帛上写的书信，说苏武等在某某大泽中。泽，指北海。	自效：指愿为人贡献自己的生命。效，贡献、献出。 召会：召集会见。	时汉连伐胡，数通使相窥观——A. 胡；B. 数通使相窥观 当——相当 武与副中郎将张胜及假吏常惠等募士斥候百余人俱——A. 假吏；B. 士；C. 斥候 益骄——益 私候胜——私候 货物与常——货物 欲发——发 其一人夜亡——亡 告之——告 此必及我——及 果引张胜——引 召诸贵人议——贵人 壮其节——壮 举剑拟之——拟之 乃幽武置大窖中——幽 檠弓弩——檠 大臣亡罪夷灭者数十家——夷灭 常愿肝脑涂地——肝脑涂地 虽蒙斧钺汤镬——汤镬 壹听陵言——壹 王必欲降武，请毕今日之欢，效死于前——效死于前 常惠请其守者与俱——其守者 如惠语以让单于——让 物故——前以降及物故

81

续表4

篇目	变化		
	统编版删减	统编版新增	字句转换（人教—统编）
《过秦论》	举：攻取。 膏腴：肥沃。 名城：高大的城墙。	西河：战国时魏地。 延敌：迎击敌人。 镞：箭头。 自若：意思是像是原来的样子。	弱秦——弱 流血漂橹——橹
《陈情表》	臣密言：开头先写明上表人的姓名，是表文的格式。当时的书信也是这样。 寻：不久。 伏惟：俯伏思量。古时下级对上级表示恭敬的用语，奏疏和书信里常用。伏，俯伏。惟，想。 生当陨首：意思是，将来要不惜性命为国出力。		行年四岁——行年 晚有儿息——儿息 除臣洗马——A. 除；B. 洗马 急于星火——星火 乌鸟私情——乌鸟
《兰亭集序》	暮春之初：阴历三月初。暮春，春季的末一个月。 会于会稽山阴之兰亭：会集在会稽山阴的兰亭。会稽，郡名，在今浙江北部和江苏东南部一带。山阴，当时的县名。 激湍：流势很急的水。 丝竹管弦之盛：演奏音乐的盛况。丝竹管弦，都是乐器，箫笛用竹制成，是管类。琴瑟的弦用丝制成，是弦类。盛，繁盛。 一觞一咏：喝点酒，作点诗。 极视听之娱：极尽视听的乐趣。极，穷尽。 信：实在。 向：过去，以前。 陈迹：旧迹。 录其所述：录下他们作的诗。 虽世殊事异：纵使时代变了，世事不同了。 后之览者：后世的读者。 斯文：这次集会的诗文。	犹：尚且。	修禊事也——修禊 群贤毕至——毕 少长咸集——咸 映带左右——映带 列坐其次——次 品类之盛——品类 临文嗟悼——嗟悼 其致一也——致

续表 4

篇目	变化		
	统编版删减	统编版新增	字句转换（人教—统编）
《归去来兮辞并序》	见：被。 切：急迫。 怅然：失意的样子。 胡：何，为什么。	慷慨：感叹。	心惮远役——远役 稔——一稔 既窈窕以寻壑——窈窕以寻壑 亦崎岖而经丘——崎岖而经丘

除此之外，相同注释项下的具体内容也有一些增删。删减的内容主要是常见的虚词、实词的常见义项以及重复解释的义项。删减的常见虚词如《烛之武退秦师》中"焉用亡郑以陪邻"里的"焉"，译为"何"，"将焉取之"中的"之"作代词，代指土地，根据上下文可直译，两个虚词义项都为初中阶段应积累掌握的虚词，故可删除；删减的实词常见义项如《师说》中"夫庸知其年之先后生于吾乎"的"知"与"年"，"知"译为"了解，知道"，"年"译为"年龄"，二者都为实词的常见义项，通过前面的整句注释均可推知具体词义，无须保留；删减的重复解释义项如人教版《归去来兮辞·并序》中"聊乘化以归尽"的注释，对"乘化"与"归尽"进行了解释，又分别对"化"与"尽"进行了解释，解释内容前后并无不同，为释义重复。增加的内容不多，主要是实词不常见的义项，如《劝学》中"功在不舍"的"舍"，译为"停止，停息"，这类实词的不常见义项往往会造成古今异义，需要特别注明。

（二）具体内容的演变

同一个注释义项中又存在诸多差异，10 篇古文在两版教材中相同的义项占主体，但也有同中存异的义项，数量多、规模大。除上文提到具体内容的增删外，主要表现为具体内容意义方面的变化。

两版教材在同中存异的义项的注释上，或意义相近存在细微差别，或意义不同差异较大。意义相近存在细微差别的义项，主要表现为概念的具化、侧重点的不同以及时代感增强三个方面。

概念的具化即释义更加具体化。如《烛之武退秦师》中"无礼于晋"，统编版释义在人教版的基础上明确了晋文公出逃的时间，加上了

"早年"二字；又如《鸿门宴》中"山东"的释义，统编版将"函谷关以东的地区"具化为"泛指东方六国之地"；再如《陈情表》中"见背"的释义，统编版中增加了"指尊长去世"的解释，在具化概念的同时，可提高学生的传统文化素养。此类例子还有很多。概念的具化使得注释更加明确，有助于学生准确地把握全文。

　　侧重点不同即相同注释条目的释义所表达的重点不同。如《劝学》中的"利足"，人教版释为"脚走得快"，统编版则释为"善于奔走"，同样有"走"之义，前者为主谓结构，侧重于叙述"脚"这个对象，后者为偏正结构，侧重于修饰"走"这个动作。又如同篇的"功在不舍"的"功"，人教版释为"成绩"，统编版释为"功效"，同样是描述结果，前者侧重于当下的结果，后者则侧重于长远作用。这类变化不多，但或多或少都能体现古文考辨的新成果，放在具体文本中更能体现其科学性。

　　时代感增强即古文注释更具时代色彩，更能被人接受。如《烛之武退秦师》中的"行李"一词，人教版译为"出使的人"，统编版译为"外交使者"，后者是在前者直译基础上的加工，为当下时代的常用词；又如《劝学》中"跂"的释义，从"提起脚后跟"变为"踮起脚后跟"，"踮"字更符合当今的说话习惯，而"提"字更倾向于手部动作，可能会造成理解误差；再如《过秦论》中"却"的释义从"使退却"变为"击退"，"序八州"的释义从"招致八州来归"变为"统理八州"，用词变得更加简单、常用，读起来更加顺口。此类现象在细微差别中占比最大，总体变化更具有时代性，符合如今的说话习惯，更有利于学生理解和记忆。

　　意义不同差异较大的不多，一共 15 条，主要是词义、词性、对象等的改变导致具体意义的差异，其变化是注释更正的结果，具有一定的时代性，是古文注释准确性、科学性、同一性原则的体现，更有利于古文教学。具体见表 5。

表 5

序号	注释项	出处	人教版	统编版	变化分析
1	其为惑也	《师说》	他所存在的疑惑。	它们作为疑惑。其，它们，指不跟从老师学习而遗留下的问题。	对象改变。"他"变"它们"，"指人"变"指物"。
2	焉用亡郑以陪邻?	《烛之武退秦师》	为什么要灭掉郑国给邻国增加土地呢?	哪里用得着灭掉郑国而给邻国增加土地呢?	语气改变。虽都有疑问的意味，前者为有问须答的形式；后者有一定的肯定意味，为无须回答的形式。
3	版	《烛之武退秦师》	筑土墙用的夹板。	指版筑的工事。	对象改变。"夹板"变"工事"，"指物"变"指事"。
4	幸	《鸿门宴》	封建君主对妻妾的宠爱叫"幸"。	指君主宠爱的女子。	对象改变。"宠幸"变"女子"，"态度"变"指人"。
5	十余辈	《苏武传》	十余人。	十几批。	词性改变。"十余人"为名词性短语；"十几批"为数量词短语。
6	方欲发使送武等	《苏武传》	汉正要打发派送苏武等人以及以前扣留的匈奴使者等的时候。发、使、送，都是动词。	(匈奴)正要派遣使者送苏武等人(返汉)。	①主语改变。前者主语为"汉"；后者为"匈奴"。②词性改变。前者"使"为动词；后者为名词，译为"使者"。
7	受辞	《苏武传》	受审讯。	听取供辞。	语法关系改变。"受审讯"前后的主宾当为受事；"听取供辞"前后的主宾当为施事。
8	蹈	《苏武传》	踩。	同"掐 tāo"，叩击，拍打。一说当作"焰"，熏。	词义改变。前者"踩"多表示脚部动作；后者则多表示手部动作，且意义更为丰富。
9	舆	《苏武传》	抬，扛。	车，这里用作动词，用车载送。	词义改变。"抬，扛"多指人的动作；后者译文更明确。
10	齐明、……、乐毅之徒通其意。	《过秦论》	齐明、周最这些人沟通他们的意见。	齐明、周最这些人沟通他们的意图。	词义改变。"意见"是人们对事物所产生的看法或想法；"意图"则是希望达到某种目的的打算。

续表5

序号	注释项	出处	人教版	统编版	变化分析
11	察	《陈情表》	考察和推举。	经考察后予以推举。	语法关系改变，前者为并列关系；后者为顺承关系。
12	庶刘侥幸，保卒余年。	《陈情表》	或许能够使刘氏侥幸地寿终。	希望刘氏能幸运地（蒙您恩典），（得以）终其余年。	语气改变，都有祈使意味，但后者译文比前者的祈求意愿更强烈、直接。
13	三径就荒	《归去来兮辞·并序》	院子里的小路快要荒芜了。	院子里的小路已经荒芜了。	时态改变。"快要"为将来时；"已经"为完成时。
14	帝乡不可期	《归去来兮辞·并序》	修仙成神是没有希望的。	仙境不可期求。	词性改变。"修仙成神"为动词性短语，"仙境"为名词。

（三）"三字"术语的变化

"三字"即古代文言中常见的古今字、通假字、异体字的统称，作为特殊的文言用字现象，有专业术语进行区分，古今字为"A，后来写作'B'"，通假字为"A，通'B'"，异体字为"A，同'B'"。10篇古文中出现了25组特殊用字，人教版标注了22组，其中古今字7组，通假字14组，异体字1组；统编本标注了18组，其中古今字6组，通假字12组。两版教材对"三字"的术语都没有明确区分，人教版多用"通"注三字，统编版则普遍用"同"字。具体情况见表6。

表6

	人教版		统编版	
	注"通"	注"同"	注"通"	注"同"
古今字	7	0	0	6
通假字	9	5	0	12
异体字	0	1	0	0

由表6可知，人教版中的古今字均采用通假字术语"通"进行标注，通假字的标注则是"通""同"混用，统编版中通假字术语"通"均被异体字术语"同"替代。从专业的注释术语使用来看，无论是人教

版还是统编版，这种现象都是不规范的。“三字”是学生学习古文必须积累的文言常识，辨识“三字”多依靠注释，所以规范使用术语就显得尤为重要。

（四）排版上的创新

①节选自《荀子·劝学》。《荀子》，战国末期思想家荀况（约前313—前238）所作，一小部分出于其弟子之手，现存32篇。劝，鼓励。　②〔君子〕这里指有学问、有修养的人。　③〔青，取之于蓝〕靛（diàn）青，从蓝草中取得。青，靛青，一种染料。蓝，草名，也叫蓼（liǎo）蓝，叶子可制染料。　④〔青于蓝〕比蓼蓝颜色（更）深。
⑤〔中（zhòng）绳〕（木材）合乎拉直的墨线。木工用拉直的墨线来取直。　⑥〔輮（róu）〕通“煣”，使弯曲。
⑦〔规〕圆规。　⑧〔虽有槁（gǎo）暴（pù）〕即使又晒干了。有，通“又”。槁暴，晒干。槁，枯。暴，晒。
⑨〔挺〕直。　⑩〔受绳〕经墨线比量过。　⑪〔金〕指金属制的刀剑等。　⑫〔就砺〕拿到磨刀石上去磨。砺，磨刀石。就，动词，接近、靠近。　⑬〔参（cān）省（xǐng）乎己〕对自己检查、省察。参，验、检查。一说，参，通“叁”，多次，表概数。省，省察。乎，相当于“于”。　⑭〔须臾〕片刻。　⑮〔跂（qǐ）〕提起脚后跟。　⑯〔博见〕见得广。　⑰〔见者远〕意思是人在远处也能看见。　⑱〔疾〕强，这里指声音宏大。　⑲〔彰〕清楚。　⑳〔假〕借助，利用。　㉑〔利足〕善于行走。　㉒〔致〕到达。　㉓〔能水〕善于游水。水，用作动词，游水。　㉔〔绝〕横渡。
㉕〔生（xìng）非异〕本性（同一般人）没有差别。生，通“性”，资质、禀赋。　㉖〔物〕外物，指各种客观条件。

图 1　人教版《劝学》注释

① 选自《荀子集解》卷一（中华书局1988年版）。有删节。劝，鼓励。《荀子》全书现存32篇，大部分为荀子自著，其余为荀子弟子记录的荀子言论和思想观点。荀子（约前313—前238），名况，字卿，赵国人，战国末期思想家。
②〔君子〕这里指有学问、有修养的人。
③〔青，取之于蓝〕靛（diàn）青从蓝草中取得。青，靛青，一种染料。蓝，草名，叶子可提取靛青。
④〔青于蓝〕比蓝草颜色深。
⑤〔中（zhòng）绳〕合乎木匠用来取直的墨线。
⑥〔輮（róu）〕同“煣”，用火熏烤木材使之弯曲。
⑦〔规〕圆规。
⑧〔虽有槁暴（gǎopù）〕即使又晒干了。有，同“又”。槁暴，晒干。槁，枯。暴，晒。
⑨〔挺〕直。
⑩〔受绳〕经过墨线比量。
⑪〔金〕指金属制的刀斧等。
⑫〔就砺〕拿到磨刀石上去磨。就，接近、靠近。砺，磨刀石。
⑬〔参（cān）省（xǐng）乎己〕对自己检查、省察。参，检验。省，省察。乎，相当于“于”。
⑭〔知〕同“智”，见识。
⑮〔跂（qǐ）〕踮起脚后跟。
⑯〔见者远〕意思是远处的人也能看见。
⑰〔疾〕劲疾。
⑱〔彰〕清楚。
⑲〔假〕借助。
⑳〔舆马〕车马。这里指车子。
㉑〔利足〕善于奔走。
㉒〔致〕到达。
㉓〔能水〕善于游水。水，游泳。
㉔〔绝〕横渡。
㉕〔生（xìng）非异〕天性（同一般人）没有差别。生，同“性”，天性。
㉖〔物〕外物，包括各种客观条件。
㉗〔兴焉〕在这里兴起。兴，起。焉，兼词，相当于“于此”。下文“生焉”的“焉”同此。
㉘〔神明〕非凡的智慧。
㉙〔圣心〕圣人的心怀。
㉚〔跬（kuǐ）步〕古代称跨出一脚为“跬”，跨出两脚为“步”。
㉛〔无以〕没有用来……的，无从。

图 2　统编版《劝学》注释

排版是指将文字、图片、图形等可视化信息元素在版面布局上进行调整，使版面条理化的过程。一本好书少不了好的排版，语文教材作为不可或缺的学习工具，其排版更应受到重视。从人教版到统编版，注释的排版具有很大的创新。许多收录古文的教材、辅导书，甚至古籍，注释的排版都是一个接着一个的横向紧凑式，拥挤凌乱（如图 1 所示），学生在学习过程中进行注释定位费时费力，甚至有些费眼，无法快速准确地定位。统编版教材首次采用了注释分栏排列的方法，每个注释项另起一行重新排列，序号队列编排，使得整个排版条理清晰、简洁明了、整齐划一，更有利于学生对注释的定位，且更具艺术性和形式美，充分体现了古文注释的科学性、简洁性原则（如图 2 所示）。

四、古文注释变动原因分析

语文教材是语文教学的主要工具之一，古文注释则是古文教学中不可或缺的一个方面。教材的更迭一定是为了更好地服务于教学，古文注释变动的原因也与教学有着密切的联系，主要表现在学情和教情两方面。

（一）源于学情

所谓"学情"，是指学习者在某一特定时间内或某一项学习活动中学习的起始状态和现状，包括学生已有的知识和技能、学习方法、情感态度等。

首先，高中阶段正是学生的知识和技能形成发展的重要时期。古文的学习贯穿了整个中学阶段，义务教育阶段虽有知识积累却不够全面，高中阶段的知识是义务教育阶段的进阶，这一阶段的学生不仅要获取知识，还要对知识进行加工，进行学习迁移，从而获得新知识，掌握新技能。为适应学生的学习，统编版教材的古文注释作出了相应的改动，删减学生已掌握的旧知识，增加有利于该阶段学生学习的新知识。

其次，高中生在长期系统的学习中大多都有了自己的一套学习方法，教材则是学生落实学习方法的辅助性工具，教材编排优良有助于落实学生的学习方法。这一点推动了古文注释编排的创新，一切以服务学生为中心，帮助学生更好地学习。

最后，古文一直是中学生语文学习的重难点，一些学生抱着学不懂就不学了的态度，究其原因是古文本身太难了。根据耶克斯—多德森定律，学习任务越困难，最佳动机水平越低，任务难度中等，最佳动机水平适中，而中等强度的动机水平学习效率最高。由此可见，适当地降低古文的学习难度可激发学生的兴趣，并提高学习古文的效率，古文本身不可变，优化注释就成了降低难度的方法之一。因此统编版教材古文注释的变动有利于学生学习、理解，也更符合时代的发展需要。

（二）源于教情

古文注释不仅有利于学生的学习，还有助于教师的教学。统编版与人教版教材编排上最大的区别是统编版教材更注重培养学生独立学习的能力和对比阅读的能力，在古文学习方面主要是让学生自己思考学习，所以教师要积极引导学生学会利用注释，相应地教师的教学方法也要有所变化，不单单是教会学生知识，还要教会学生学习知识的方法。

在统编版教材中，教师要注重群文教学，教学是教师的教和学生的学的综合体现。在古文教学中，教师不愿教、学生不愿学一直是一大难题。教师讲授古文采取的往往是灌输式教学方法，主导权在教师手中，开篇通读，然后翻译，最后总结情感；而学生也只是一味地听和记，课堂枯燥乏味，参与度低，没有兴趣，学习效果差。教师的教学效能感没有得到满足，学生的主观能动性也没有得到很好的发挥。

基于目前的教学情况，教师要在教学过程中完成单元任务群，并检测学生的知识拓展情况，进一步培养学生的语文核心素养能力。古文注释是学生学习古文的重要助读工具，统编版教材对古文的编排重在培养学生的自读能力，在教师讲完一篇文章之后，学生应学会举一反三，充分利用所学的鉴赏方法自学类似篇目。这就要求教师应该教会学生利用注释读懂古文，分析文章传达的思想情感。所以统编版教材注释的变动更符合注释编排的基本原则，更有利于学生学习古文。

五、统编版高中必修语文利用古文注释教学的几点建议

（一）融合版本，激发兴趣

从当下教育的发展情况来看，教师融合人教版和统编版教材进行教

学更有利于激发学生的学习兴趣。在古文教学中，教师可以充分利用线上线下资源，对两版教材的古文注释进行分析研究、比较归纳，并将成果运用于教学。

在具体讲授时，教师可将两版教材古文注释的不同以课件的形式进行可视化展示，让学生观察注释的变化，发现注释对学习古文的重要性，从而激发学习古文的兴趣。同时让学生自主思考两版教材古文注释的不同，充分发挥自主学习能力，培养发散思维和思辨能力。

两版教材存在注释差异较大的现象，注释会直接影响学生对文章的理解，如《苏武传》中"方欲发使送武等"，人教版的释义主语为"汉"，大意为"汉要派送苏武等人"；统编版的主语则变为"匈奴"，大意为"匈奴派遣使者送苏武等人返汉"，意义完全不同，文章的大意也变得不同。这类说明性注释在古文注释中占比最大，与文章大意紧密相连，教师在教学中可以充分利用这类变化，引导学生思考，带领学生探讨变化产生的原因，激发学生学习古文的热情。

两版教材对所选同一篇目出处的注解存在诸多不同，如《鸿门宴》，两版教材都选自中华书局出版的《史记》，但人教版选用的是1963年版，统编版选用的是2014年版。从这一选择变化看，统编版更贴合时代发展。这类常识性注释蕴含着丰富的文化内涵，具有鲜明的时代色彩，教师在备课中应充分挖掘，在授课时积极引导。

（二）利用注释，培养能力

注释是古文学习的重要提示，教师在教授古文的过程中应积极引导学生有效利用注释。学生学习能力的培养离不开阅读，古文教学以阅读为先，古文的阅读比白话文阅读更为复杂。教师可以合理利用注释帮助学生有效阅读古文，培养学生独立思考、终身学习的习惯。

首先，阅读要能通读全文，无生字词。虽然中学生的常用字词积累已经趋于完备，但面对古文这类年代久远的文学，阅读仍然存在着很大的障碍。古文中生字词占比很大，很难读通顺，而注释能解决大部分生字词，如《陈情表》中约有生字词16个，原文注释未注音的仅4个，余下的均有明确的注音。因此引导学生充分利用注释通读文章是帮助学生自主学习、独立思考的第一步。

其次，阅读还要知晓文章大意。古人所处的时代离我们太遥远，他们所作的文章从字面上往往难以理解，存在词类活用、古今异义和特殊句式等诸多难点。如《归去来兮辞·并序》中有约15个词类活用和12个古今异义项，这些难点在注释中许多都没有明确标出，但特殊字词所在的整句大多都有注解，只有极少数未进行注释。教师在教学过程中应积极引导学生进行精读训练，学会在整句释义中归纳特殊字词，在理解文章大意的基础上培养独立思考、终身学习的能力。

最后，阅读要能发现问题并解决问题。古文注释含有大量的隐性知识，如常识性注释中的背景知识可以帮助学生更好地理解文章思想；引文性注释中的传统文化是学生文学积累的最好蓝本，有助于提升学生的文化素养，为终身学习奠定基础；赏析类注释中的个性阅读和说明类注释中的古今差别可以帮助学生更好地理解文章并有效阅读等。

（三）重视积累，自成系统

古文的学习贯穿整个中学阶段，学生在初中阶段就接触过古文，并有一定的文言积累，高中阶段更应该注重古文知识的积累。一切知识的学习都是为生活所服务。学习古文，从大的方面说是为了继承并发展优秀的传统文化，陶冶情操；从小的方面看则是为人的语言表达服务，优秀的表达需要积累。新课标的必修课程学习要求中提出学生要"在语文学习中养成有意识地积累的习惯，积累有利于丰富自己运用的字词句篇语文素材、语言运用典型案例等"。在古文学习中，学生也要注重积累，自成系统。

古文是古人用文言写成的文章，它与现代汉语白话文一样有一套自己的规则。古文之所以枯燥难学，有一部分原因是没有把握好古文的语言规律。如高中阶段最常接触的宾语前置句式，它是文言文中最常见的特殊句式之一，对古文翻译至关重要。对宾语前置句的判断一直是学生古文学习的难点，教师在教学中应引导学生把握其内在规律并有效学习，如宾语前置句式中最常见的疑问句宾语前置，在《赤壁赋》中，三个宾语前置句式"而今安在哉""而又何羡焉""何为其然也"都是疑问句宾语前置，且都是疑问代词作宾语，教师应在讲授中结合注释重点讲解，与现代汉语语法进行比较，指出常见的疑问代词"安、谁、何、

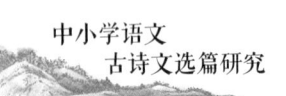

奚"，引导学生积累知识，内化规律，形成自己的知识系统，在今后的古文学习中灵活运用，积极调动已有的知识提高古文阅读能力。

结　语

从人教版到统编版，古文注释的变化是前进的、上升的，充分体现了注释科学性、同一性、简洁性、时代性的原则，更有利于教育教学。统编版的古文注释从编排和内容上都更合理，更符合时代发展的需要。古文注释是古文学习不可或缺的一部分，充分利用古文注释，可以更好地学习古文。古文教学不仅在于教师的讲授，更在于学生的学习，教师要有扎实的专业知识和教学技能，有效利用古文注释引导学生主动学习；学生在教师的引导下更应积极主动利用注释进行有效学习，使注释的作用最大化。

参考文献

[1] 靳乐乐．高中文言文注释术语"通""同"研究［D］．石家庄：河北师范大学硕士学位论文，2014．

[2] 李晓莉．人教版高中语文教材中文言文注"通"注"同"字研究［D］．汉中：陕西理工大学硕士学位论文，2020．

[3] 荣维东．语文文本解读实用教程［M］．北京：北京大学出版社，2016．

[4] 王林发．新课程语文教材教法［M］．广州：暨南大学出版社，2014：22．

[5] 王淑文．发掘古文注释的隐性知识及教学［J］．中学语文教学参考，2017（27）．

[6] 温儒敏．普通高中教科书语文必修上册［M］．北京：人民教育出版社，2019．

[7] 温儒敏．普通高中教科书语文必修下册［M］．北京：人民教育出版社，2020．

[8] 温儒敏．普通高中教科书语文选择性必修上册、中册、下册［M］．北京：人民教育出版社，2020．

[9] 谢富文. 高中语文必修教材统编本与人教版古诗文注释比较研究 [D]. 大理：大理大学硕士学位论文，2021.

[10] 袁行霈. 普通高中课程标准实验教科书语文 1、2 必修 [M]. 北京：人民教育出版社，2006.

[11] 袁行霈. 普通高中课程标准实验教科书语文 3、4、5 必修 [M]. 北京：人民教育出版社，2007.

[12] 赵颖. 人教与粤教版高中语文（必修）古文选文、助读及注释比较研究 [D]. 合肥：合肥师范学院硕士学位论文，2016.

[13] 中华人民共和国教育部制定. 普通高中课程方案（2017 年版 2020 年修订）[M]. 北京：人民教育出版社，2020.

[14] 中华人民共和国教育部制定. 普通高中语文课程标准（2017 年版 2020 年修订）[S]. 北京：人民教育出版社，2020.

中篇
初中语文古诗文选篇研究

古诗词典故教学路径探究[①]
——以部编版初中语文教材为例

吴 敏[②] 张春秀

摘 要：本文对部编版初中语文教材中的典故词语进行了分析，阐释了中学语文古诗词典故教学的必要性，并提出古诗词中典故教学的方法建议。

关键词：古诗词；典故教学；方法建议

部编版初中语文教材共收录84首古诗词，其中近1/3的诗词篇目中出现了用典。典故往往是由古代神话传说、历史故事、寓言故事等发展而来，意蕴丰富，正确理解典故有助于学生领会古诗词的内涵和诗人的写作意图。一直以来，典故都是古诗词教学中的重要难点。本文尝试以部编版初中语文教材为例，探究古诗词典故的教学路径。

[①] 基金项目：本文为黔南民族师范学院硕士生导师基金项目"部编本语文教材古诗文群文阅读研究"阶段性成果之一（编号：QNSYDSPY010），黔南民族师范学院高层次人才研究专项项目"敦煌变文名物辑释"阶段性成果之一（项目编号：qnsyrc201812），黔南民族师范学院语言学及应用语言学提升计划项目校级重点学科阶段性成果之一（编号：QNYSXXK2018013），黔南民族师范学院语言学及应用语言教学团队项目2017年校级一流团队项目教改课题阶段性成果之一（编号：2017xjg0303）。本文发表于《中学生导报·教学研究》2020年3月3日第247版，收入本书有删改。

[②] 吴敏，黔南民族师范学院文学与传媒学院2019级学科教学硕士研究生，研究方向为学科语文。

一、何为典故

典故一词最早见于《后汉书·东平宪王苍传》中的"亲屈至尊,降礼下臣,每赐宴见,辄兴席改容,中宫亲拜,事过典故"。其中"事过典故"的含义为超过原有的成规、典制,因此典故的原始义为制度、典章等,少有修辞之义。刘勰《文心雕龙》将典故定义为"据事""援古",如"事类者,盖文章之外,据事以类义,援古以证今者也"①。"据事"和"援古"指援用之前发生过的事例来表达和说明文意。《辞海》中典故的定义为:"诗词文中引用的古代故事和有来历出处的词语。"②《现代汉语词典》释典故为:"诗文里引用的古书中的故事或词句。"③ 综上,典故即指在古诗文的创作中,引用古代故事和古籍中有来历出处的词句。

二、初中语文古诗词典故教学的必要性

古典诗词是中华民族的文化瑰宝。据统计,部编版初中语文教材七年级到九年级共选入古诗词84首,其中用典占比接近1/3。例如苏轼的《江城子·密州出猎》(九下)中引用了三个典故:一是"亲射虎,看孙郎",引用孙权射虎的典故,此处苏轼以孙权自比,表达自己的豪情壮志;二是"持节云中,何日遣冯唐",借用冯唐的典故,将冯唐的遭遇和自己的感受巧妙交织,以魏尚自比,抒发希望得到朝廷重新重用的心情;三是"西北望,射天狼","天狼",星名,用的是《楚辞·九歌·东君》中"长矢兮射天狼"的典故,表达自己愿护卫国家大好河山的情怀。

古诗词中的典故来源丰富,大多为古代寓言、故事、神话或古籍中的词句。中学阶段是学生积累文化和储备知识的重要阶段,习得和认知

---

① 刘勰. 文心雕龙 [M]. 哈尔滨:黑龙江人民出版社,2004:201.
② 夏征农. 辞海(语词分册上)[Z]. 上海:上海辞书出版社,1977:275.
③ 中国社会科学院语言研究所词典编辑室. 现代汉语词典(第7版)[Z]. 北京:商务印书馆,2012.

古诗词中的典故知识，有助于学生了解传统文化。研究古诗词典故教学对于语文教师积累典故知识、解读文本都有很大的帮助。

三、初中语文古诗词典故教学方法建议

典故是古诗文教学中的难点，但在实际教学中往往容易被忽视，一定程度上会影响学生对古诗词的鉴赏和理解。很多学生由于缺乏古诗词积累，对其中的典故不甚了解，语文教师应重视古诗词教学方法，提高学生学习典故的兴趣。

（一）注重古诗词教学，强化学生的典故积累

古诗词典故的学习不是一蹴而就的。强化学生的典故积累，就是要让学生在平时的学习生活中加强学习和总结，提升古诗词的阅读鉴赏能力。为此，语文教师应做到以下两点：

首先，在教学古诗词中，应教会学生通过对基本事物意象的积累来加强典故知识。古诗词中的典故具有丰富的内涵和外延，不仅能表达诗人复杂的情感，还能增强诗词的修辞效果。例如李白《春夜洛城闻笛》（七下）中的"此夜曲中闻折柳，何人不起故园情"。其中"折柳"运用了《折杨柳》，内容多涉及离情别绪。"折柳相赠"是古代的一种送别习俗，一说"柳"谐音"留"，故折柳送行表示别情；一说杨柳在春风中摇曳不定，是游子眼中难舍难分的代名词。在我国古代诗词中，"杨柳"是一个常见的意象，含有这一意象的名篇佳句数不胜数，最早见于《诗经》，如"昔我往矣，杨柳依依"，用来表达眷恋故乡的感情。

其次，教师应加强对神话传说、古代故事和名人故事的积累。古诗词的神话传说、古代故事和名人典故非常多，阅读欣赏古诗词时，如果不了解其中的典故知识，就会对学习古诗词造成阻碍。例如崔颢《黄鹤楼》（八上）中的"昔人已辞黄鹤去，此地空余黄鹤楼"就用了"昔人"的典故。传说中"昔人"指仙人子安，因其曾驾鹤到黄鹤山，遂建楼。此诗由仙人乘黄鹤而去引出黄鹤楼，让人觉得黄鹤楼乃仙人留下，起笔就让人感到黄鹤楼充满了神秘色彩。又如刘禹锡《酬乐天扬州初逢席上见赠》（九上）"怀旧空吟闻笛赋，到乡翻似烂柯人"，"闻笛赋"指西晋

向秀的《思旧赋》。嵇康和向秀是好朋友，嵇康因反抗司马氏集团掌握政权而被杀，向秀得知后十分悲痛，当他路过嵇康的旧居时听到笛声便想起被杀害的好友，就以悲愤的心情写下《思旧赋》。"烂柯人"出自《述异记》。传说樵夫王质上山砍柴，途中偶遇两童子在下棋，他则在一旁观看，当一盘棋刚下完时，童子对他说"你的柯已经腐烂了"。王质回到家乡后见同乡的人都已老去，原来时间已过了一百多年。刘禹锡借"闻笛赋"这一典故怀念因参加政治改革而被杀害的老友；用"烂柯人"这一典故形容自己长期贬谪在外，回到家乡仿佛隔世的情感。如果教师在教学这首古诗时不知道这两个典故，就很难对学生解释清楚诗人所要表达的情感。因此，在古诗词教学中，教师应加强对神话传说、古代故事和名人故事的积累，提高古诗词的教学能力。

（二）改进古诗词教学方法，把握典故教学本质

当前很多教师在教学古诗词时方法比较单一，教学模式程式化，课堂氛围枯燥，导致学生学习古诗词和典故的积极性不高。教师应积极反思，改进古诗词教学方法，把握典故教学本质，打破程式化教学模式，激发学生学习典故的兴趣，提高学生学习古诗词的积极性。

首先，知人论世，注重分析诗人写作的时代背景。诗人创作诗词时离不了时代背景，诗词中往往隐含着诗人的感悟，把握典故教学的本质要求教师在古诗词教学中应积极引导学生透过时代背景了解作者的处境，将学生带入诗人所处的朝代和生活环境。知人论世，一是要求教师注重分析诗人的性格特征和生活经历。古诗词是诗人真实情感的表达，也是当时社会生活的反映，了解诗人的性格特征和生活经历有助于学生体验诗词的语境，把握诗词的内容。例如在教学李白《行路难》（九上）中的三个典故"垂钓碧溪上""乘舟梦日边""长风破浪"时，若学生不了解李白的生活经历，就难以理解诗人要表达的情感。教学这首诗时，教师首先要让学生了解李白这一时期的生活经历。天宝元年（742），李白奉诏进京，不仅没被唐玄宗重用，而且遭受权臣的谗毁排挤，两年后被变相撵出长安，朋友们都来为他饯行，他深感求仕之路的艰难，满怀愤慨写下了此篇《行路难》，这首诗就是诗人心情的写照。知人论世，二是要了解诗人所处的社会环境。在古诗词的典故教学中，教师要引导

学生了解诗人所处的社会环境，包括政治、经济环境，让学生回到诗人的创作环境，感受诗词的时代气息。例如杜甫生活在唐代"安史之乱"前后，此时战乱频繁、国力锐减，这一时期杜甫的诗多描绘百姓的生活疾苦和揭露社会矛盾。教师在引导学生学习杜甫诗歌中的典故时，可以结合社会环境进行讲解，使学生感受诗歌的深刻意蕴。知人论世，三是要了解诗人的写作风格。诗人生活的境遇和时代背景大多会反映在其作品中，在教学诗词时介绍诗人的写作风格可以让学生更好地体会诗词的主题。例如南宋词人辛弃疾一生以功业自诩，力主抗金，其作品中充满了浓厚的爱国主义思想，《永遇乐·京口北固亭怀古》和《水龙吟·登建康赏心亭》都表现了他一心抗金收复中原的愿望。

其次，采用意象解读法，帮助学生构建意象群。在古诗词教学中，通过分析意象，让学生掌握具有代表性的意象，体验古诗词的意境，从而更好地把握古诗词的主题和情感。如果在教学过程中教师只是简单地描述意境，学生可能难以理解和把握，这就需要教师借用意象与诗词、意象与意象之间的联系，帮助学生感悟诗词中的意境。常见的意象可分为三类：景物、植物、动物。比如在解读景物类意象时，借用"月亮"这一意象。月亮又称玉盘、婵娟、银盘等，是古代很多文人墨客诗文中常见的意象，多表达怀乡、思归之情。例如杜甫《月夜忆舍弟》（七上）中的"露从今夜白，月是故乡明"，李白《闻王昌龄左迁龙标遥有此寄》（九上）中的"我寄愁心与明月，随风直到夜郎西"，苏轼《水调歌头》（九上）中的"明月几时有，把酒问青天"。这三首诗中的月亮都表达了期盼团圆和思乡的情感。古诗文中有关月亮的诗句数不胜数，文化意蕴浑厚，只要平时多识记积累，理解诗词中的典故就会事半功倍。

再次，以传统文化为背景学习理解典故。断章取义是古诗词教学中最忌讳的，会使学生无法理解作者用典的目的，教师应注重在传统文化背景下教授诗词典故。古诗词在中国文学史上占有重要的地位，不仅内容广泛，还具有一定的格调和范式，所以在教学时还应从国家、民族、朝代出发，讲解诗词的创作原因，帮助学生整体理解古诗词在中华传统文化中的意义。例如文天祥《南安军》中的"饿死真吾事，梦中行采薇"和王绩《野望》（八上）中的"相顾无相识，长歌怀采薇"，这两句皆运用了"采薇"的典故，即伯夷、叔齐不愿做周的臣子，不食周粟，在首阳山上采薇而食，最后饿死的历史故事。王绩的诗是缅怀伯夷和叔齐这样的高尚之士，文天祥则是在被元兵俘虏后誓死不降，效仿先贤叔齐伯夷，宁可绝食，饿死在他乡也绝不与元兵合作，表现出强烈的爱国之情。可见古诗词中对忠孝节义、高尚气节的推崇，学生也可从中感受传统文化中仁义礼智信的内容。

最后，追本溯源。如果教材的注释中没有明确典源，教师正好可借此引导学生发现问题，自主探究典故的来源。当教材中的一些典故注释过于单一或不够明确时，教师的引导就显得极其重要，应及时布置寻源补充任务，让学生利用网络资源或查阅相关资料，调动探究典故的兴趣。如苏轼《水调歌头》（九上）中有几句诗化用了前人典故，教材注释中都未标注，这就可以让学生追本溯源，探寻典故出处，细细品味化用典故后诗句的魅力。

小　结

运用典故是古诗词中较常见的艺术手法，理解古诗词中的典故知识，能更好地读懂古诗词。教师可以结合学生的知识水平，使用相关策略，提升古诗词中典故的教学质量，让学生在学习典故中体会蕴含其中的民族精神和传统文化，积累与之相关的文化知识，提高阅读鉴赏能力和语文素养。

参考文献

［1］方永强. 古诗用典有讲究［J］. 中学语文教学参考，2016（21）.

［2］葛兆光. 论典故——中国古典诗歌中一种特殊意象的分析［J］. 文学评论，1989（5）.

［3］冀柳燕，周翠英，韩晶. 典故词语在中学语文中的教学价值［J］. 汉字文化，2019（22）.

［4］钱旭. 中学古诗文中典故教学实践研究［D］. 昆明：云南师范大学硕士学位论文，2018.

［5］孙琴. 对如何有效开展初中古诗词教学的反思［J］. 现代语文

（教学研究版），2011（8）．

［6］徐家良．充分发掘典故的教学功能［J］．语文教学通讯，1992（1）．

［7］徐茜．古诗词典故教学方法探微［J］．文学教育（下），2011（3）．

［8］张飞祥．文化视域下的对外汉语典故词语教学探讨［J］．现代语文（语言研究版），2016（11）．

［9］朱希艳．中学语文教材古诗词典故教学研究［D］．上海：上海师范大学硕士学位论文，2018．

部编本初中语文古诗文注释探究及其他[①]

张春秀　刘　雍[②]

摘　要：本文对部编本初中语文七年级至九年级所选124篇（段或节选）古诗文注释情况进行了穷尽性的考察，发现"三字"的注释术语比较混乱，存在个别词语注释不妥、宾语前置未加说明、有些标题尚需斟酌等情况。

关键词：部编本初中语文；古诗文注释；宾语前置

由教育部组织编写、温儒敏总主编，调集60多位专家、编辑、一线教师参与编写的初中语文教科书（以下简称部编本）于2012年启动，历时4年多，经过反复研讨、14轮严格评审、100名基层特级教师提出意见、试教等环节，于2016年9月在部分地区选用，2017年9月全国通用，2019年全面覆盖。

部编本突出2011年版义务教育课程标准要求的"两个传统"，大大增加了与传统文化相关的篇目，让学生"多读书、读好书、好读书、读整本书"落到实处，对背诵优秀诗文和阅读量提出了明确的要求，具体见表1。

---

① 基金项目：本文为黔南民族师范学院硕士生导师基金项目"部编本语文教材古诗文群文阅读研究"阶段性成果之一（编号：QNSYDSPY010），黔南民族师范学院高层次人才研究专项项目"敦煌变文名物辑释"阶段性成果之一（项目编号：qnsyrc201812），黔南民族师范学院语言学及应用语言学提升计划项目校级重点学科阶段性成果之一（编号：QNYSXXK2018013），黔南民族师范学院语言学及应用语言教学团队项目2017年校级一流团队项目教改课题阶段性成果之一（编号：2017xjg0303）。本文发表于《教学与管理》2020年第9期，收入本书有删改。

② 刘雍，玉林师范学院文学与传媒学院副教授，文学硕士，研究方向为对外汉语教学。

表1　部编本初中语文七年级至九年级背诵优秀诗文要求及阅读量

年级	背诵和阅读总量	要求及所占比例		
		古诗文（篇或段）	现代诗文（篇或段）	阅读量（万字）
一年级至六年级	背诵优秀诗文160篇（段）；课外阅读总量不少于140万字	75	85	145
七年级至九年级	背诵优秀诗文80篇（段）；课外阅读总量不少于260万字	61	19	260

说明：一年级至六年级共选古诗文124篇（段），占所有选篇的30%；七年级至九年级共选古诗文124篇（段），占所有选篇的51.7%。

部编本初中语文七年级至九年级共选古诗文124篇（段、节选），占所有选篇的51.7%，其中诗词曲共84篇（首）：诗61首、词19首、曲4首；文共40篇（节选）：诸子散文、历史散文、两汉论文、唐宋古文等有36篇（节选），小说4篇（节选）。所选体裁丰富，典型性强。另外，还有名师导读推荐阅读的几部小说如《西游记》的精读和跳读、《水浒传》古典小说的阅读、《儒林外史》讽刺作品的阅读等。具体篇目、分布可参见表2。

表2　部编本初中语文七年级至九年级古诗文篇目及名师导读篇目

体裁	篇目、年级、册、单元
诗词曲：共84篇，其中61首诗、4首曲、19首词	《古代诗歌四首》（七上一，其中有1首曲）（说明："七上一"表示七年级上册第二单元，下同），课外古诗词诵读（四首）（七上三），课外古诗词诵读（四首）（七上六），木兰诗（七下二），课外古诗词诵读（四首）（七下三），《古代诗歌五首》（七下五），课外古诗词诵读（四首）（七下六），《唐诗五首》（八上三），课外古诗词诵读（四首）（八上三），《诗词五首》（八上六，其中有1首词），课外古诗词诵读（四首）（八上六，4首全是词），《诗经》二首《关雎》《蒹葭》）（八下三），课外古诗词诵读（四首）（八下三），《唐诗二首》（《茅屋为秋风所破歌》《卖炭翁》）（八下六），课外古诗词诵读（四首）（八下六，其中有2首词），《诗词三首》（九上三，其中有1首词），课外古诗词诵读（四首）（九上三），课外古诗词诵读（四首）（九上六，其中有2首词），词四首（九下三），课外古诗词诵读（四首）（九下三，词4首），诗词曲五首（九下六，1首词、1首曲），课外古诗词诵读（四首）（九下六，其中有2首曲）

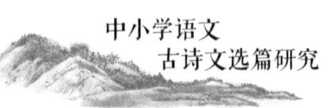

续表2

体裁	篇目、年级、册、单元
文：共40篇或节选，其中4篇（节选）小说	《世说新语》二则（七上二），《论语》十二章（七上三），《诫子书》（七上四），《狼》（七上五），《吕氏春秋·穿井得一人》（七上六），《资治通鉴·孙权劝学》（七下一），《卖油翁》（七下三），《古文两篇》（《陋室铭》《爱莲说》）（七下四），纪昀《河中石兽》（七下六），《水经注校证·三峡》（八上三），《短文两篇》（《答谢中书书》《记承天寺夜游》）（八上三），＊《与朱元思书》（八上三），《孟子》二章（八上六），《列子·愚公移山》（八上六），＊《史记·周亚夫军细柳》（八上六），《桃花源记》（八下三），《小石潭记》（八下三），＊《核舟记》（八下三），《庄子》二则（《北冥有鱼》《庄子与惠子游于濠梁之上》）（八下六），《礼记》二则（《虽有嘉肴》《大道之行》）（八下六），＊《马说》（八下六），《岳阳楼记》（九上三），《醉翁亭记》（九上三），＊《湖心亭看雪》（九上三），《水浒传·智取生辰纲》（九上六），《儒林外史·范进中举》（九上六），＊《三国演义·三顾茅庐》（九上六），＊《红楼梦·刘姥姥进大观园》（九上六），《孟子·鱼我所欲也》（九下三），＊《战国策·唐雎不辱使命》（九下三），《送东阳马生序》（九下三），《左传·曹刿论战》（九下六），＊《战国策·邹忌讽齐王纳谏》（九下六），《出师表》（九下六）
名著导读（3部）	《西游记》精读和跳读（七上六），《水浒传》古典小说的阅读（九上六），《儒林外史》讽刺作品的阅读（九下三）

通过对部编本初中语文七年级至九年级124篇（段或节选）古诗文注释情况进行穷尽性的考察，我们发现"三字"的注释术语比较混乱，存在个别词语注释有待修正、宾语前置未加说明、有些标题尚需斟酌等问题。下面分述之。

一、"三字"注释术语混乱

部编本初中语文七年级至九年级古诗文中的"三字"注释共有67处，注释术语有8种：同，相当于，现在写作，用同，一作，后写作，又作，即。具体如下："A，同B"54处，"A，相当于B"3处，"A，现在写作B"3处，"A，用同B"2处，"A，一作B"2处，"A，后写作B"1处，"A，又作B"1处，"A，即B"1处。"A，同B"术语共54处，占81%，其他术语13处，占19%。具体情况见表3。

表3 部编本初中语文七年级至九年级古诗文"三字"注释情况

年级及总例	册	例子总数及具体体现
七（10例）	上	4例：4例（A，同B）
	下	6例：5例（A，同B），1例（A，后写作B）
八（26例）	上	15例：13例（A，同B），1例（A，一作B），1例（A，相当于B）
	下	11例：10例（A，同B），1例（A，一作B）
九（31例）	上	19例：11例（A，同B），3例（A，现在写作B），2例（A，用同B），2例（A，相当于B），1例（A，又作B）
	下	12例：11例（A，同B），1例（A，即B）

"三字"（即古今字、通假字、异体字）是古代汉语特有的语言现象，是语文学习的重要内容，也是古诗文学习的必备知识。要弄懂这些基本知识，参考对"三字"的注释是一条非常重要的途径。通过穷尽性的考察，我们发现教材中"三字"的注释术语比较多，也没有相关补充知识，我们认为应该介绍、普及"三字"的基本知识，做到慢慢积累，有机渗透。

二、个别词语注释不妥

1. "龙标"

教材七年级上册第一单元15页①注释"龙标，唐代县名，在今湖南洪江西"，④注释"龙标，指王昌龄。古代常用官职或任官之地的州县名来称呼一个人"。文中对"龙标"的注释应该明确、清楚：题目中的"龙标"应为因用官职称呼王昌龄而得名，即"龙标尉"，诗句中的"龙标"应为用"龙标"地名称呼王昌龄而得名。

2. "迁""左迁"

教材七年级上册第一单元15页①注释"左迁，降职"，九年级上册第三单元60页①注释"左迁，贬官"，九年级上册第三单元45页③注释"迁客，被降职到外地的官员。迁，贬谪、降职"。

迁，甲骨文中写作"㧟"。《说文·辵部》："㪟，古文迁，从手西。"

《正字通》"扖，古文迁"，义为"手持鸟窝"，隐含了"上树摘取鸟窝"的过程，体现了"向上"的义项，包含方向性。《说文·辵部》："迁，登也。"后来，"向上"的方位义逐渐泛化为一般的"彼方"义，"鸟巢"义逐渐扩展至"人的家当行李"，"迁"的意义可概括为某人带着家当行李从此方向彼方向移动或行进，即"徙居"，现代汉语中有"迁徙"一词。"迁"用为官职变动时有三种情况：一是升迁，二是降职，三是升或降。古代常在"迁"的前后加字以示区别（其实这些词基本上是偏义复词，起作用的应该是"迁"前后的那个字的意思），如"左迁""迁削""迁谪"指降职，"迁除""迁进""右迁"表升职，"迁官""转迁""迁调"说明变动职位。单用"迁"表官职变动时一般指升职。所以，注释中将"迁"解释为"贬谪、降职"义，"迁客"释为"被降职到外地的官员"，不妥。

"迁"为升职义。如《管子·禁藏》"夏赏五德，满爵禄，迁官位，礼孝弟，复贤力，所以劝功也"；《史记·屈原贾生列传》"超迁，一岁中至太中大夫"；《汉书·樊郦滕灌傅靳周列传》"迁为车骑将军"；《后汉书·张衡传》"拜郎中令，再迁为太史令"；《三国志·邢颙传》"太祖识其意，后遂以为太子少傅，迁太傅"；《梁书·到洽传》"二年，迁司徒主簿"等。

"左迁""迁削""迁谪"为降职义。如《史记·张丞相列传》"高祖曰：'吾极知其左迁，然吾私忧赵王，念非公无可者。公不得已强行！'于是徙御史大夫周昌为赵相"；《汉书·周昌传》"左迁"，颜师古注"是时尊右而卑左，故谓贬秩位为左迁"；《三国志·魏志》"犹恨之，遂左迁毓，使将徙民为睢阳典农校尉"；唐代李白《闻王昌龄左迁龙标遥有此寄》；唐代白居易《琵琶行》"元和九年，予左迁九江郡司马"；唐代韩愈《左迁至蓝关示侄孙湘》；北宋王禹偁《对雪感怀呈翟使君冯中允同年》"左迁来僻郡，对景忆瀛洲"等。再如《汉书·淮阳宪王刘钦传》："故事，诸侯王获罪京师，罪恶轻重，纵不伏诛，必蒙迁削贬黜之罪，未有但已者也。"唐代王昌龄《留别武陵袁丞》诗："皇恩暂迁谪，待罪逢知己。"唐代苏颋《晓发兴州入陈平路》："旧史饶迁谪，恒情厌苦辛。"明代高启《沧浪亭》诗："吴兴长史旧迁谪，买得此水自号'沧浪客'。"

"迁除""迁进""右迁"为升职义。如《三国志·魏书·高柔传》："然今博士皆经明行修，一国清选，而使迁除限不过长，惧非所以崇显儒术，帅励怠惰也。"《晋书·文苑传·王沈》："高会曲宴，惟言迁除消息，官无大小，问是谁力。"唐代封演《封氏闻见记·烧尾》："士子初登荣进及迁除，朋僚慰贺，必盛置酒馔音乐，以展欢宴，谓之烧尾。"北宋欧阳修《文正范公神道碑铭》："又为百官图以献……因指其迁进迟速次序曰：'如此而可以为公，可以为私，亦不可以不察。'"南宋朱熹《答吕伯恭书》："虽闻迁进之宠，曾不能一致贺，顾此亦未足以甚慰所望云尔。"北宋王安石《李端悫可东上阁门使制》："非为专恩，以致此位，积功久次，当得右迁。"南宋钱时《两汉笔记》："惠帝六年，（陈）平始为左丞相。明年帝崩，太后临朝，以阿意而右迁。"清代张澍《养素堂文集》："王莽执政，右迁新陂令，后诏为司徒。"

"迁官""转迁""迁调"有时指"升"，有时指"降"，有时指变动。如《韩非子·显学》："夫有功者必赏，则爵禄厚而愈劝；迁官袭级，则官职大而愈治。"《金瓶梅词话》第二九回："一生盛旺，快乐安然，发福迁官，主生贵子。"清代龚炜《巢林笔谈·用人之道》："登进不拘一格，则怀才者兴；迁官不以年资，则宣力者奋。"以上三例中的"迁官"都指晋升官爵。再如唐代吴融《南迁途中作·登七盘岭诗之一》："才非贾傅亦迁官，五月驱羸上七盘。"这里的"迁官"指贬官、降职。《汉书·孔光传》："窃见国家故事，尚书以久次转迁，非有踔绝之能，不相逾越。"东汉末王粲《爵论》："爵自一级转登十级而为列侯，譬犹秩自百石转迁而至于公也。"唐代罗隐《寄侯博士》："规谏扬雄赋，遭回贾谊官；久贫还往少，孤立难转迁。"这三例中的"转迁"指迁升官职。唐代白居易《与济法师书》："夫五阴、十二因缘，盖一法也，盖一义也……虽名数多少或殊，其于伦次转迁，合同条贯。"这里的"转迁"指变动，即升或降。《金史·古里甲石伦传》："自太原治中及他州七品以下职、四品以下散官，并听石伦迁调。"其中的"迁调"指变动，即升或降。清代梅曾亮《臣事论》："人有仕官十年而不迁调者，则乡里笑之而亲友为之减色。"现代叶圣陶《倪焕之》三十："如果境况能好点儿，自然向好的方面迁调，现在却弄成失业飘零，那远不如安分地守在乡间好了。"这两例中的"迁调"指升职。

3. "思"

教材七年级上册第一单元 16 页注释①解"秋思"的"思"为"思绪"。将"思"释为"思绪"犯了以今律古的毛病。思，旧读 sì，有"心绪，愁思"义，如曹操《短歌行》："慨当以慷，忧思难忘。""思"古有"愁、悲、哀"等义，"思""愁"对文，"思"有"愁"义。如唐代李群玉《长沙紫极宫雨夜愁坐》"春灯含思静相伴，雨夜滴愁更向深"；唐代张说《南中别陈七李十》"画益愁南海，离驹思北风"。"思""哀"对文，"思"有"哀"义，如晋代成公绥《啸赋》"情既思而能反，心虽哀而不伤"；《洛阳伽蓝记》卷一引北魏庄帝五言诗"思鸟吟清风，哀风吹白杨"。"思""悲"对文，"思"有"悲"义，如《淮南子·缪称训》"春女思，秋士悲"；晋代卢谌《赠刘琨》之四"仰悲先意，俯思身愆"。唐代柳宗元《登柳州城楼寄漳汀封连四州》"城上高楼接大荒，海天愁思正茫茫"，"愁思"为同义连举。

《全唐诗》中有的诗因为版本不同，或作"思"，或作"愁"。如唐代陈子昂《宿空舲峡青树村浦》"客思浩方乱，州浦寂无喧"，"思"一作"愁"。唐代李白《天马歌》"愿逢田子方，恻然为我悲"，"悲"一作"思"。

《汉语大词典》将"思秋"释为"悲秋"。《文选》卷十九张华《励志》"吉士思秋，寔感物化"，李善注"思，悲也"。唐代温庭筠《商山早行》"晨起动征铎，客行悲故乡"中的"悲"即"思"。唐代骆宾王《在狱咏蝉》"西陆蝉声唱，南冠客思侵"中的"客思"即客愁；唐代白居易《琵琶行》"弦弦掩抑声声思，似诉平生不得意"，郭在贻注："思，悲哀"。王云路《中古诗歌语言研究》将"秋思"释为"思，悲也"，"秋思"就是悲秋。

4. "何当"

七年级上册第六单元 140 页第⑧个注释"何当，何时将要"，将"何当"释为"何时将要"，犯了增字为训的错误。如罗竹风主编《汉字大词典》"何当，犹何日、何时"；近代张相《诗词曲语词汇释》"何当，犹云何日也"；张永言《简明古汉语词典》（修订版）"何当，何时"；王云路《中古汉语论稿》"何当，何时"；朱东润主编《中国历代文学作品选》"何时，犹言何时"；余恕诚、陈婷婷选注《李商隐诗》"何当，何时。盼望之词"；刘学锴撰《唐诗选注评鉴》（下卷）"何当，何时。盼望之词"等。

5．"何"

九年级下册第三单元 46 页"则凡可以得生者何不用也？""何不用也"的注释为："什么（手段）不用呢？"这里将"何"翻译为"什么（手段）"，在句中作主语，其实这里的"何"为疑问代词作状语，表示原因"为什么"。如《论语·先进》"夫子何哂由也"；《孟子·梁惠王上》"吾何爱一牛""吾何快于是"；《战国策·魏策四》"先生坐，何至于此"；《战国策·齐策四》"责毕收乎？来何疾也"等。这些例句中的"何"都是在句子中作状语而非主语。

6．"三鼓"

九年级下册第六单元 123 页"公将鼓之……齐人三鼓"，"鼓之"的注释为："击鼓进军。古代作战，击鼓命令进军。下文的'三鼓'就是三次击鼓命令军队出击。之，起补足音节作用。""三鼓"中"三"的应为"多次"之义。如《老子》"一生二，二生三，三生万物"、《论语·述而》"三人行，必有我师焉"、《论语·公冶长》"三思而后行"、《战国策·赵策》"鲁仲连辞让者三，终不肯受"、《史记·屈原贾生列传》"一篇之中三致志焉"、唐代杜甫《茅屋为秋风所破歌》"八月秋高风怒号，卷我屋上三重茅"中的"三"都应该释为"多或多次"，表虚数，不应释为"三次"。

三、宾语前置未加说明

汉语是一种分析型语言，词形变化不丰富，词语的组合主要靠语序与虚词作为语法手段来表达。古代汉语与现代汉语的显著区别之一就是组合规则的变化，即语序的变化—宾语位置的变化。但教材中对这种语法知识避而不谈，注释中也没有说明，补白中也没有提及。如：

1．万钟于我何加焉！文中注为："何加，有什么益处。"（九下三/46）（说明：括号里的内容表示九年级下册第三单元第 46 页，下同）

2．弗之怠。（九下三/52）文中注为："弗之怠"，即"弗怠之"，不懈怠，指不放松抄录书。

3. 何以战？（九下六/122）文中注为："何以战，即'以何战'，凭借什么作战？以，凭、靠。"

这三句应分别注为：一般句中代词作宾语前置，代词"何"作动词"加"的宾语，前置；否定句中代词作宾语前置，否定句中代词"之"作"急"的宾语，前置；疑问句中代词作宾语前置（介词宾语前置），代词"何"作介词，"以"作宾语，前置。

四、有些标题尚需斟酌

仔细研读教材，我们发现目录中的标题"二"和"两"混用、有些标题与下文内容不合，具体见表4。

表4 部编本初中语文七—九年级部分标题情况

年级	册	"二""两"混用	标题与内容不合
七	上	散文诗二首（第二单元），《世说新语》二则（第二单元）	古代诗歌四首（其中有曲一首）（第一单元），课外古诗词诵读（四首全是诗）（第三单元），课外古诗词诵读（四首全是诗）（第六单元）
七	下	短文两篇（第四单元），外国诗二首（第五单元）	课外古诗词诵读（四首全是诗）（第三单元），课外古诗词诵读（四首全是诗）（第六单元）
八	上	消息二则（第一单元），短文二篇（第三单元），散文二篇（第四单元），《孟子》二章（第六单元）	课外古诗词诵读（四首全是诗）（第三单元），课外古诗词诵读（四首全是词）（第六单元）
八	下	《诗经》二首（第三单元），《庄子》二则（第六单元），《礼记》二则（第六单元），唐诗二首（第六单元）	课外古诗词诵读（四首全是诗）（第三单元）
九	上	无	无
九	下	短文两篇（第四单元）	课外古诗词诵读（四首全是诗）（第三单元），课外古诗词诵读（其中有两首诗、两首曲，无词）（第六单元）

"二"和"两"，前者是序数词，后者是基数词，所以在用法上是有

区别的。教材中的标题二者兼用，用"二"11例，用"两"2例。教材的编者可能忽略或者忘记了"二"与"两"的区别，所以标题的"二"应该统一改为"两"比较合适。

另外，有些标题和下面的内容不吻合，如七年级上册第一单元标题为"古代诗歌四首"，但四首里三首是诗，一首是曲；第三、六单元的标题皆为"课外古诗词诵读"，四首都是诗，没有词。八年级上册第六单元、九年级下册第三单元标题皆为"课外古诗词诵读"，四首全是词，没有诗。九年级下册第六单元标题为"课外古诗词诵读"，四首里有两首诗、两首曲，无词。具体可见表4。

结　语

部编本教材充分发挥语文学科育人方面的独特优势，将"立德树人""社会主义核心价值体系"等观念有机融合在语文学习中，采取"双线组元"结构，"三位一体"编排，将"语文核心素养"的获得通过"重视选文""构建多层次助读系统""综合实践""一课一得"等把中华民族优秀文化传统教育、革命传统教育、法制教育、民族团结教育、国家安全教育等融合在整套教材中，增强了学生的社会责任感和使命感，激发和培育了学生热爱祖国、热爱母语的思想感情。总之，部编本初中语文教材比原人教版教材各个方面都有显著的进步。但是没有最好只有更好，任何教材的改动总会有这样那样的问题，对此在使用过程中应该辩证看待。以上是对教材研读的一些思考，仅供参考。

参考文献

[1] 陈梦璇. 部编本初中语文教材研究现状及开发路径探索 [J]. 教学与管理，2018（21）.

[2] 黄秀珍. 部编教材文言文编写及教学意义——以人教版《语文》七年级（上册）为例 [J]. 语文教学通讯，2017（5）.

[3] 焦一和. 浅析《史记》中"迁"的方向性 [J]. 殷都学刊 2018（1）.

[4] 教育部组织编写，温儒敏总主编. 义务教育教科书语文（七年

级上册）［M］．北京：人民教育出版社，2016．

　　［5］教育部组织编写，温儒敏总主编．义务教育教科书语文（七年级下册）［M］．北京：人民教育出版社，2016．

　　［6］教育部组织编写，温儒敏总主编．义务教育教科书语文（八年级上册）［M］．北京：人民教育出版社，2017．

　　［7］教育部组织编写，温儒敏总主编．义务教育教科书语文（八年级下册）［M］．北京：人民教育出版社，2017．

　　［8］教育部组织编写，温儒敏总主编．义务教育教科书语文（九年级上册）［M］．北京：人民教育出版社，2018．

　　［9］教育部组织编写，温儒敏总主编．义务教育教科书语文（九年级下册）［M］．北京：人民教育出版社，2018．

　　［10］刘晓宇．修身齐家治国平天下——从部编版语文教材所选文言文看核心价值观培养体系［J］．内蒙古教育，2018（6）．

　　［11］柳士镇．"下浮"与"左迁"［J］．南京师范大学文学院学报，2005（4）．

　　［12］商务印书馆辞书研究中心修订．古代汉语词典（第2版）［Z］．北京：商务印书馆，2014．

　　［13］沈兰．关注"部编本"教材从不同维度教文言诗文［J］．新课程研究（上旬刊），2017（12）．

　　［14］童志斌，戴泳洪．七年级语文古诗词选文的价值取向研究——以2016年"部编本"和2001年人教版教材为例［J］．课程教学研究，2018（6）．

　　［15］王本华．从八大关键词看"部编本"语文教材的编写理念［J］．课程教学研究，2017（5）．

　　［16］王家伦，陈宇．部编本初中语文教材四大系统的显著进步［J］．福建基础教育研究，2017（8）．

　　［17］温儒敏．"部编本"语文教材的编写理念、特色与使用建议［J］．课程·教材·教法，2016（11）．

　　［18］夏正江．试论中小学生语文阅读能力的层级结构及其培养［J］．课程·教材·教法，2001（2）．

　　［19］谢先成．"部编本"语文教材的编写理念、育人功能与使用建

议——访全国著名语文教育专家杨再隋教授［J］.教师教育论坛，2017（10）.

［20］许松柏.“部编本”初中语文教材的国家意志解读——以“部编本”初中语文七年级上、下册为例［J］.现代语文（教学研究版），2017（12）.

［21］杨域.全国初中国学诗词用字研究——以部编本新教材81篇古诗词为例［J］.汉字文化，2018（1）.

［22］杨玉春，楚爱华.指向核心素养："部编本"语文教材新特点及智趣教学对策——以七年级《语文》上下册为例［J］.天津师范大学学报（基础教育版），2018（1）.

［23］张春秀.人教版高中语文文言文"三字"注释情况探究［J］.科教文汇（中旬刊），2018（10）.

［24］赵承跃.文言文群文阅读资源的开发［J］.语文教学通讯，2018（29）.

［25］郑伟.部编本语文教材古诗词注释商榷［J］.学语文，2017（6）.

［26］中华人民共和国教育部制定.义务教育语文课程标准：2011版［S］.北京：北京师范大学出版社，2012.

统编本初中语文古诗文选篇统计分析[①]

张春秀　王伶俐[②]

摘　要：本文对统编本初中语文教材古诗文选篇进行了穷尽的考察，并作了比较全面的分析，以期为以后全面了解和使用新教材有比较深刻的认识。

关键词：统编本；初中语文；古诗文；选篇分析

由教育部组织编写、温儒敏总主编的统编本初中语文教材于2012年启动编写，经过多方专家、多名一线教师的多次审查、修改和完善，2016年秋季试行，2017年新学期一年级正式统一使用，2019年秋季起全覆盖。统编本初中语文教材主要由阅读、写作、活动·探究三个板块组成，另外每册还安排了1~3个单元的"综合性学习"，两个单元的"名著导读"和"课外古诗词诵读"等内容，八年级至九年级还有一个"口语交际"栏目。和原人教版教材相比，统编本初中语文教材有以下特色：采取"内容主题"和"语文素养"双线组元的方式；积极倡导三位一体的阅读方式，将课外阅读纳入教材，注重培养阅读方法和阅读习

[①]　基金项目：本文为黔南民族师范学院硕士生导师基金项目"部编本语文教材古诗文群文阅读研究"阶段性成果之一（编号：QNSYDSPY010），黔南民族师范学院高层次人才研究专项项目"敦煌变文名物辑释"阶段性成果之一（项目编号：qnsyrc201812），黔南民族师范学院语言学及应用语言学提升计划项目校级重点学科阶段性成果之一（编号：QNYSXXK2018013），黔南民族师范学院语言学及应用语言教学团队项目2017年校级一流团队项目教改课题阶段性成果之一（编号：2017xjg0303）。本文发表于《文教资料》2021年第12期，收入本书有删改。

[②]　王伶俐，黔南民族师范学院文学与传媒学院讲师，文学硕士，研究方向为语文教材、中国现当代文学。

惯，强调阅读的重要性；强化语言文字运用意识，加强语文和生活的联系，加大古诗文的分量等。统编本初中语文教材"专治不读书、少读书"的毛病，正本清源，守正创新，为践行社会主义核心价值观和落实立德树人的根本任务打下了坚实的基础。

中国是一个诗文的国度，诗经、楚辞、先秦诸子、汉赋、古诗十九首、南北朝骈文、唐诗、宋词、唐宋八大家、元曲、明清小说等都代表了每一代之文学的最高成就。它们不仅承载着中国的传统文化，凝聚着民族的精神，而且具有深邃的意境，蕴含着丰富的感情，语言形象生动、含蓄精练，富有节奏感和音乐美。

古诗文是中华民族传统文化的重要组成部分，继承和发扬中华优秀文化是我们义不容辞的义务和责任，学习、掌握、应用母语必须"从娃娃抓起"。古诗文是指1919年五四新文化运动以前产生的诗与文，主要包含诗、词、曲、民歌、韵文、对联、文言文等，是中国古典文化的主要载体。本文中特指选入统编本初中语文教材的诗、词、曲、文言文（以下简称古诗文。说明：这里的文言文是指除诗词、曲、民歌以外的体裁）等。

为了更好、更系统地学习和掌握古诗文，下面对统编本初中语文教材中古诗文选篇进行穷尽性的统计分析，以期为以后全面了解和使用新教材有比较深刻的认识。

一、统编本初中语文古诗文选篇体裁类型统计分析

统编本初中语文共选入154首（篇、段）古诗文，占总选篇目的64.2%。每学年平均约51.3首（篇、段），每学期平均约25.7首（篇、段）。统编本初中语文古诗文选篇涉及的体裁类型主要有古体诗、近体诗、乐府诗、词、曲、文言文等，其中古体诗14首、近体诗42首、乐府诗5首、词20首、曲4首、文言文69篇（段）。具体见表1。

表1 统编本初中语文七年级至九年级古诗文选篇体裁类型与数量

体裁	古体诗	近体诗		乐府诗	词	曲	文言文	总计
		绝句	律诗					
数量	14	20	22	5	20	4	69	154
比例		39.6%		13.0%		2.6%	44.8%	100%

说明：此表统计的体裁类型有诗、词、曲、文（包括名著阅读、精彩选篇和自主阅读推荐）。

从表1可以看出，统编本初中语文古诗文选篇的体裁有诗、词、曲、文言文等，主要以文言文为主，诗歌其次，其他为辅。文言文共69篇（段），占总篇目的44.8%。诗歌共61首，占总篇目的39.6%。诗歌主要以近体诗为主，占总篇目的28.6%，其中律诗和绝句分别为22首和20首，各占所选近体诗的52.4%和47.6%。词20篇，占13.0%。曲4首，数量最少，占2.6%。

二、统编本初中语文古诗文选篇朝代分布统计分析

统编本初中语文古诗文选篇主要以先秦、唐、宋、清四个朝代的作品为主，其他朝代的篇目为辅。其中七年级共选入54首（篇、段）古诗文，八年级共选入55首（篇、段），九年级共选入45首（篇、段）。具体见表2。

表2 统编本初中语文七年级至九年级古诗文选篇朝代分布与数量

所在年级	上下	朝代									
		先秦	汉	三国	晋	南朝	北朝	唐	宋	元	明	清
七	上	15		2		3		8	1	1	1	4
	下						1	9	7			2
八	上	3	4	1	1	2	1	8	6			
	下	7	5		1	1		9	4		1	1
九	上					1		8	7		4	3
	下	4		2				1	2	2		4

续表2

所在年级	上下	朝代									
		先秦	汉	三国	晋	南朝	北朝	唐	宋	元	明	清
总计	154	29	9	5	2	7	2	43	32	3	8	14
比例	％	18.8	5.8	3.2	1.3	4.5	1.3	27.9	20.8	1.9	5.2	9.1

说明：此表统计范围包括阅读、综合性学习、课外古诗词诵读、补白、名著导读、自主阅读推荐等。

从表2可以看出，统编本初中语文古诗文选篇几乎涵盖了每个朝代，其中以唐代为最多，共选43首（篇、段），占所选古诗文总篇目的27.9％；宋代有32首（篇、段），占20.8％；先秦有29首（篇、段），占18.8％；清代有14首（篇、段），占9.1％；汉代、明代、南朝、三国、元代、晋、北朝各有9、8、7、5、3、2、2首（篇、段），各占5.8％、5.2％、4.5％、3.2％、2.9％、1.3％、1.3％。

三、统编本初中语文古诗文选篇学习的要求

统编本初中语文古诗文选篇的学习要求主要以朗读、背诵、诵读课文为主，默写很少数量的古诗文篇目。根据统计，七年级要求背诵古诗文26首（篇、段），诵读16首，默写11首（篇、段）；八年级背诵25首（篇、段），诵读18首，无默写要求；九年级背诵20首（篇、段），诵读16首，默写9首（篇、段）。具体见表3。

表3 统编本初中语文七年级至九年级古诗文选篇数量及要求背诵和默写数量

所在年级	上下	古诗文选篇数量	背诵古诗文数量	诵读古诗文数量	默写古诗文数量
七	上	35	17	8	4
	下	19	9	8	7
八	上	26	17	8	0
	下	29	8	10	0
九	上	21	6	8	0
	下	24	14	8	9

续表3

所在年级	上下	古诗文选篇数量	背诵古诗文数量	诵读古诗文数量	默写古诗文数量
总计	240	154	71	50	20
比例		64.2%	46.1%	32.5%	28.2%

说明：此表统计仅包括课文和课外古诗词诵读。

从表3可以看出，统编本初中语文古诗文选篇共有154篇，占课文总数的64.2%；背诵篇目为71篇，占所选古诗文总数的46.1%，占课标要求背诵优秀诗文的88.8%；诵读古诗文数量有50首，占古诗文选篇的32.5%；默写篇目为20篇，占背诵篇目的28.2%。其中整个八年级和九年级上学期无默写任务（说明：背诵不等于诵读，二者既有联系又有区别，具体可以参看相关资料，这里不再赘述）。

结　语

以上对统编本初中语文古诗文选篇的体裁类型、朝代分布和学习要求三个方面进行了穷尽性的统计，并作了具体分析，小结如下：从体裁类型看，主要以文言文为主，诗歌其次；从朝代分布看，主要以先秦、唐、宋、清四个朝代的作品为主，以唐代为最多；从学习要求来看，主要以朗读、背诵、诵读为主，默写很少量的篇目。总之，古诗文选篇重点突出，详略得当，学习循序渐进，有机渗透，整个设计符合初中生的学习特点和认知规律。

初中阶段是义务教育的最后阶段，是小学与高中的衔接，也是为高中或以后的学习或工作积累知识的黄金阶段，初中生在这一阶段要养成多读书、好读书、读好书、读整本书、读中国书、多积累、少做题的习惯，为以后身心健康成长，有积极的人生观、正确的世界观和价值观打下良好的基础。

古诗文经典已融入中华民族的血脉，成了我们的遗传基因。语文课应该学习古诗文经典，把中华民族优秀的传统文化传承下去，让它们源源不断地流淌在我们的血液里。

参考文献

[1] 顾之川. 初中语文统编教材的价值追求与语文品格[J]. 课程·教材·教法, 2019 (6).

[2] 顾之川. 古诗词与中小学语文教育[J]. 中国民族教育, 2017 (4).

[3] 顾之川. 论语文学科核心素养[J]. 中学语文教学, 2016 (3).

[4] 顾之川. 新中国语文教育七十年[J]. 语言战略研究, 2019 (4).

[5] 教育部组织编写, 温儒敏总主编. 义务教育教科书语文（7—9年级）[M]. 北京：人民教育出版社, 2016—2018.

[6] 金戈, 洪东萍. "支架式"名著阅读教学初探——统编初中语文教材名著课程实践[J], 语文教学通讯, 2019 (26).

[7] 郎镝, 张东航. 统编初中语文教材中的传统文化教育研究[J]. 课程·教材·教法, 2019 (5).

[8] 林楠帆. 统编本初中语文文言文课文难度梯度研究[J]. 读与写（教育教学刊）, 2018 (10).

[9] 李固. 部编本初中语文教材古代散文选文及教学建议[J]. 文学教育（上）, 2019 (9).

[10] 鲁彦华. 统编版初中语文教材古诗文有效教学初探[J]. 青海教育, 2019 (5).

[11] 王本华. 从八大关键词看"部编本"语文教材的编写理念[J]. 课程教学研究, 2017 (5).

[12] 王本华. 守正创新, 构建"三位一体"的语文教科书编写体系——部编义务教育语文教科书的主要特色[J]. 语文教学通讯, 2016 (26).

[13] 王晓艺, 朱于国. 专业、专一、极致：工匠精神在统编语文教材编写中的体现——以语文核心素养在统编初中教材的有机渗透为例[J]. 课程·教材·教法, 2019 (4).

[14] 温儒敏. "部编本"语文教材的编写理念、特色与使用建议

[J]．课程·教材·教法，2016（11）．

［15］温儒敏．坚持立德树人，立足核心素养——用好统编本语文教材的两个前提［J］．语文建设，2019（14）．

［16］张宗方．初中语文群文阅读教学研究——以统编版初中语文教材为例［J］．语文教学通讯·D刊（学术刊），2019（5）．

［17］中华人民共和国教育部制定．义务教育语文课程标准：2011年版［S］．北京：北京师范大学出版社，2012．

统编版初中语文教材编写体例分析[①]
——以七年级下册为例

李 杰[②] 张春秀

摘 要：教材的编写体现了编者的意图，影响着教师的教学、学生的学习和教学效果。统编版初中语文教材分为阅读、写作、综合性学习、名著导读和课外古诗词诵读五个版块。本文将通过这五个版块来分析教材的编写体例，以了解教材的内容、形式，方便教师在教学中合理使用教材。

关键词：统编版初中语文教材；编写体例；阅读；写作

教材是教师教学和学生学习的载体，教师编写教案、确定教学目标、上课等都需要研究教材，学生学习更是离不了教材。基于此，本文通过分析统编版初中语文教材的编写体例，深入研究和体会教材的编写特点，了解各个版块在教材中的地位，结合学生的实际情况，帮助教师用好教材，提升语文教学质量和学生的语文核心素养。

统编版初中语文教材分为阅读、写作、综合性学习、名著导读和课外古诗词诵读五个版块，下面分别论述。

[①] 基金项目：本文为黔南州 2021 年教育科学规划课题立项项目"统编语文教材古诗文选篇语言文字教育研究"（项目编号：2021B009）阶段性成果之一。本文发表于《世纪之星·交流版》2021 年第 27 期，收入本书有修改。

[②] 李杰，黔南民族师范学院文学与传媒学院 2021 级硕士研究生，研究方向为学科语文。

一、阅读版块

（一）选文体裁多样

阅读版块以单元文选的类型进行编排，每册书由六个单元构成，在选文上兼顾文体和人文内涵。以第二单元为例，《黄河颂》属于颂歌，《老山界》属于叙事散文，《谁是最可爱的人》属于通讯，《土地的誓言》属于抒情散文，《木兰诗》属于乐府民歌。这个单元选取的五篇文章有两篇散文，一篇通讯，一篇颂歌，一篇乐府民歌，体裁丰富多样。这五篇文章的主题都是关于家国情怀的，旨在培养学生的爱国热情。初中阶段主要是学习并区分常见体裁的文章，阅读版块涵盖了诗词、文言文、小说、散文等体裁，一方面可以提高学生的阅读兴趣，另一方面也可通过不同的体裁增加学生的知识。

（二）课文编排具有系统性

课文编排具有系统性，以第二十一课《古代诗歌五首》为例。第一首为初唐诗人陈子昂的《登幽州台歌》，第二首为晚唐诗人杜甫的《望岳》，学习这两首诗可以让学生对唐代有初步了解。第三首南宋文学家、思想家王安石的《登飞来峰》，接着是南宋诗人陆游的《游山西村》，最后一首是清代龚自珍的《己亥杂诗（其五）》。这五首诗歌从初唐到清代，可以看出教材在选取课文时是有系统的。

（三）精心设计课后练习

课后练习是教材的重要组成部分，教材精心设计了大量的练习题，以帮助学生及时复习巩固所学知识。统编版教材课后练习的特点是：增加了实践性的题目，引导学生把所学知识运用到实践中；注重课文内容向课外的迁移，加大学生对课外知识的了解。练习题中多用"课外阅读……文章"的话语，注重培养学生的自主学习能力。练习题中引入的大量实践性题目，例如《黄河颂》课后练习积累拓展第四题"举办以小组为单位的诗歌朗诵比赛"，旨在引导学生在课余时间学习语文，体会诗歌中的黄河形象，领悟黄河所凝聚的中华民族的伟大精神。

二、写作版块

面对写作难、学生不敢大胆表达自己的想法等问题，教材专门设计了"表写作"这一版块，旨在培养学生的写作能力。

（一）写作教学循序渐进

面对作文难这一突出问题，教材采用由简到繁、逐步提升的编写方法。第一单元主要练习写人，要求写出人物的精神。学生可以通过外貌、语言、动作描写，正面、侧面相结合，对比、衬托，以及借助一些抒情、议论的句子等练习写作。第二单元是学习抒情，学生可以通过直接抒情或者间接抒情的方式写作。第三单元是抓住细节，细节描写要求真实、典型和生动，学生可通过对人物、景物、事件等进行细微的描写。第四单元是如何选材，即在选取材料时要注意材料的真实性和新颖性。第五单元是写作时要做到文从字顺，语句表达要准确，要注意语句间的连贯性。第六单元是做到语言简明，写作要围绕中心，避免词语重复。

（二）与课文紧密结合

《义务教育语文课程标准（2011年版）》在第四学段的写作中，提出写作要有真情实感，要有自己的感受，表达力求有创意。要修改自己的作文，做到文从字顺等。写作就是要表达自己的想法，抒发内心的情感，统编版初中语文教材的写作版块充分体现了课标的新理念。

写作版块中的话题都与阅读版块的内容相关。第一单元是学习历史中的杰出人物，选文中介绍了描写人物的具体手法，写作要求是通过描写来写出人物的精神。第二单元是学习家国情怀，选文都表达了作者对祖国、家乡的热爱之情，写作要求是要学生学会通过直接或者间接抒情的方式来表达自己的情感。第三单元是"小人物"的故事，写作要求是抓住细节来描写人物。写作版块与课文内容相结合，可以增强学生运用知识的能力。

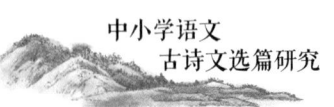

三、综合性学习版块

《义务教育语文课程标准（2011年版）》明确指出综合性学习有利于学生在感兴趣的自主活动中全面提高语文素养，有利于培养学生主动探究、团结合作、勇于创新的精神。课程标准和部编版教材都在积极倡导综合性学习。教材在编写时也考虑了这些问题，减少了数量的同时提高了质量，每个版块的主体更加集中。七年级下册有三个主题，包括"天下国家""孝亲敬老，从我做起"和"我的语文生活"。

综合性学习最大的特点就是主题集中，形式多样。除了传统的辩论会、演讲会等，还增加了一些新的形式。以"我的语文生活"为例，有正眼看招牌、我来写广告词和寻找"最美春联"这几个部分，通过多种形式在生活中学习语文，不仅可以激发学生学习语文的兴趣，还能加深学生的印象，学生的参与度也更高。语文学习不能只停留于书本，还要通过其他方式，加深语文学习的广度。

四、名著导读版块

名著导读版块中选择了两部经典作品，《骆驼祥子》和《海底两万里》，并对阅读方法提出了不同的要求。《骆驼祥子》的阅读方法是圈点与批注，《海底两万里》要求快速阅读。名著导读版块还指出了具体的学习内容，包括读书方法指导、专题探究、精彩选篇、自主阅读推荐。

读书方法指导就是介绍具体的阅读方法，以《海底两万里》为例。这本书情节跌宕起伏，有很多悬念，多数读者阅读时都想尽快知道后面的故事，这时就可以快速阅读，以便了解整个故事情节。在快速阅读中，要集中精力、以默读为主、学会抓住文章的主要线索和关键信息等。专题探究就是设计几个专题供学生探讨，目的是让学生对故事有更深入、细致的了解。精选名篇就是选取书中的精彩片段供学生赏析。自主阅读推荐就是推荐相关书目，以此提高学生的阅读量和阅读兴趣。学生通过阅读经典名著，可以提高自身的语文素养和人文素养。

五、课外古诗词诵读版块

在统编版语文教材中，课外古诗词诵读版块分布在第三单元和第六单元后面，每部分有四首诗，以此增加学生的古诗词背诵量。课外的八首古诗词是课内古诗词的拓展和延伸。

课外古诗词诵读这一版块的鉴赏内容比较丰富，不仅有原文、注释等，还有创作背景、内容分析和表达的感情等，以帮助学生理解古诗词。以《竹里馆》为例，鉴赏部分写道："这是唐代诗人王维晚年隐居时创作的一首五绝。"学生可以通过提示，结合诗人的生活经历来理解诗词的内涵。

部编版教材的一大特色就是注重对学生阅读方法的培养，在单元导读中，经常提及精读、略读、诵读等多种方法，强调要教给学生阅读的方法。例如在《晚春》这首诗中，教材中提到："诵读时想一想，诗人对'杨花榆荚'的揶揄，是不是更深层次的赞许呢？"提示学生通过诵读的方法更深层次地理解诗词内容。课外古诗词诵读版块内容丰富，不仅有利于学生更好地理解诗词，还有助于课内诗词的学习，拓展学生鉴赏诗歌的思路，提升语文素养。

小　结

统编版初中语文教材编排合理，符合新课程标准理念和学生的身心发展规律。研究教材的编写体例就是研究教材的形式，从整体上把握教材，会对具体的教学工作有很大的帮助。教师在教学中要利用好语文教材，向学生传递书本知识，帮助学生向课外知识迁移，培养学生自主合作探究的能力。

参考文献

[1] 石鸥，杨文. 学生核心素养培养呼唤基于核心素养的教科书[J]. 课程·教材·教法，2016（9）.

[2] 王海霞. 统编版初中语文教材编写特点探究［J］. 青海教育，2021（1）.

［3］温儒敏. "部编本"语文教材的编写理念、特色与使用建议［J］. 课程·教材·教法，2016（11）.

［4］许承勇. "部编本"初中语文教材名著导读的变化与对策［J］. 当代教研论丛，2019（3）.

［5］杨佳怡. 部编版初中语文综合性学习板块教学探究［D］. 开封：河南大学硕士学位论文，2019.

部编版初中语文教材文言文注释商榷

李 路[①]

摘 要：文言文注释是学生学习与教师讲授语文的一个重要依据。部编版初中语文共选入124篇文言文，占所有选篇的51.7%。这些选文的注释大都做到了简洁、准确、明了，但难免存在部分问题，如当注未注、重复注释、表述欠精确、注释术语不规范等。

关键词：部编版；文言文；注释

引 言

部编版初中语文教材于2012年启动，2017年正式使用，2019年全覆盖。教材总体上给人耳目一新的感觉，尤其在文言文方面，做了大幅度的调整。部编版初中语文教材1－6册共选入124篇（首）文言文，占所有篇幅的51.7%，体裁丰富，有诗歌、散文、小说、词、曲等。每个单元都有一篇古文（古诗），八、九年级两个单元为文言文。这些文言文涉及不少注释，以帮助教师和学生更好地教学和学习，但有的注释存在一定的问题，如当注未注、重复注释、表述欠精确、注释术语不规范等。下面分别论述。

[①] 李路，黔南民族师范学院2016级汉语言文学专业本科生。

一、部编版初中文言文注释存在的问题

（一）当注未注

当注未注即本该注释却没有注释。在七到九年级的六本教材中，当注未注主要表现在以下几个方面：

1. 语音

（1）七下《卖油翁》中"徐以杓酌油沥之"，教材注释同"勺"。《说文解字》释"杓"，从木，从勺，属形声，音"biāo"。《古汉语常用字字典》中，"杓"有两个读音，分别为"biāo"和"sháo"，读"sháo"时注为"舀酒的勺子"。联系上下文，"杓"是通假字，因此课文中的"杓"应注为"sháo"，通"勺"，勺子。

（2）八上《三峡》中"略无阙处"，教材只对"阙"作了注释。"阙"的本义是宫阙。《古汉语常用字字典》中"阙"有三个读音：què，quē，jué。读"què"时有"宫殿"之义，如苏轼《水调歌头》"不知天上宫阙"，读"quē"时是通假字，通"缺"，空缺、缺口。因此，在这里"阙"应注为"quē"，通"缺"。

（3）八上《孟子》中"行拂乱其所为"，教材只对"拂"作了注释。《说文解字详解》释"拂"为"飞掠而击"。《古汉语常用字字典》中"拂"有两个读音：fú，bì。读"fú"有五个义项，其中一个就有"违背"之义；读"bì"是通假字。因此，应注为"fú"，违背。

（4）八下《桃花源记》"便舍船"与"屋舍俨然"中"舍"的用法比较特殊，教材没有对该字进行注释，课后习题还要求比较两字的用法，这对学生理解文言文造成了一定的困难。《古汉语常用字字典》中"舍"有两个读音，读"shè"时，注释为"客舍、住宿等"，读"shě"时，注释为"放弃、不要"。因此，根据语境，前者音"shě"，应注为"放弃、舍弃"；后者音"shè"，应注为"房屋、住所"。

（5）八下《小石潭记》中"水尤清冽"，教材只注释了"尤"，没有注释"冽"。《古汉语词典》释"冽"为"寒冷"。因此，"冽"应注为"凉"。

(6) 九下《送东阳马生序》中"负箧曳屣",教材对整句作了注释,没有为"箧"注音。《古汉语常用字字典》中"箧"音"qiè",义为小箱子。因此,"箧"应注为"qiè",小箱子。

2. 词汇

(1) 七上《论语》十二章中的"学而时习之",教材对"时习"的注释为"按时温习",没有单独注释"习"。从整句的意思来看,"习"应是"温习"。"习"是会意字,其本义与鸟飞有关。《说文解字今释》:"习,数飞也,从羽从白。"郭沫若《卜辞通纂考释》:"此字从羽从日,盖谓禽鸟于晴日学飞。"引申为"练习"。结合孔子所处的时代,孔子所传授的学习内容主要为"六艺",不光需要课堂讲授,课下也需要反复练习。因此,句中的"习"应注为"练习、实习、实践"。

(2) 九下《出师表》"此诚危急存亡之秋也"。教材只对"秋"作了注释,"存亡"无注释。"存亡"是一个偏义复词,"存"在这里只是起陪衬作用,重点在"亡"。联系诸葛亮写作的时间背景,当时蜀国处于岌岌可危的境地,刘备已死,刘禅继位,蜀吴结盟瓦解,荆州失守,魏国君主曹丕身死,诸葛亮想警示刘禅现在是国家危难之时。因此,这里应重点讲"亡",注释灭亡,而不应是"存"。

3. 文体

(1) 九下《送东阳马生序》开篇注释只介绍了作者,没有对文体"序"进行注释。"序"是文言文中最常见的一种文体,《送东阳马生序》是初中生接触的第一篇"序"。应注明"序"是由作者创作的,介绍写作目的、意义、内容等,"序"可以分为赠序与书序。书序的代表是王羲之《兰亭集序》,《送东阳马生序》是一篇赠序。

(2) 九下《出师表》开篇注释了写作缘由,没有对文体"表"进行注释。"表"应注为"是古代向帝王上书说明事情的一种文体"。

(二) 重复注释

注释重复指同一个字的意思反复出现在不同篇目中。在部编版初中文言文教材中,注释重复现象较多,举例如下:

七年级下册《孙权劝学》中"但当涉猎"的"但",教材注释为"只、只是"。而在八年级上册《记承天寺夜游》中"但少闲人如吾两人者耳"中的"但"注释为"只是"。相同的字，相同的意思，教材中出现两次，而且只隔了一个学期，学生在七年级已经大致接触过文言文，已能理解简单字词，在八年级无须过多解释，过多的注释会让学生觉得烦琐。八年级上册《狼》"盖以诱敌"中的"盖"和《记承天寺夜游》"盖竹柏影也"中的"盖"教材注释均为"大概"。八年级下册《卖炭翁》中已经详细注释了诗人"欧阳修"，九年级上册《醉翁亭记》中重复注释。"丝、竹"二字在九年级上册《醉翁亭记》中"宴酣之乐，非丝非竹"和《陋室铭》中"无丝竹紫乱耳"都有出现。"丝、竹"意思相同。新课标要求教师培养学生合作交流讨论学习的能力，但文言文注释的重复，并不能培养学生自主学习的积极性。

（三）表述欠精确

表述欠精确主要表现在语境和语法两个方面。

1. 语境

（1）七上《狼》"顾野有麦场"，教材对"顾"的注释为"看、视"。《说文解字详解》中"顾"释为"回头而视"。《古汉语常用字字典》中"顾"有六种意思，其中一种为"回头看"。注释要符合文章的语境，当屠户一个人面对凶狠而饥饿的狼时，心里应是紧张、害怕，"顾"应释为"回头看"。

（2）九上《湖心亭看雪》中"拥毳衣炉火"的一句注释有问题。人教版注释为"穿着毛皮衣，带着火炉"，部编版注释为"裹着裘皮衣服，围着火炉"，"拥"注释为"裹、围"。《现代汉语词典》中"拥"有抱、围着、拥护、聚集、持有这五个意思。而在此文中应用动词"抱着、拿着"。如果此句注释为"围着"，不符合语境，结合上下文，诗人是单独一人前往湖心亭看雪，又怎么在家围着火炉呢？只能是拿着火炉，穿着毛皮衣。因此，部编版初中文言文本篇中的"拥"应注释为"抱着、拿着"。

（3）九上《醉翁亭记》"颓然乎其间"中的"颓然"教材注释为"倒下的样子"，不符合语境。《说文解字详解》中"颓"释为"秃者，病之壮也"。《现代汉语词典》中"颓然"有两个义项：形容败兴的样子；消沉，萎靡不振不振的样子。根据语境，诗人应是似醉非醉的样子，联系上文，诗人和全州的百姓是早上出来游玩的，因此，"颓然"应注释"醉醺醺的样子或者形容醉态"。

（4）九上《醉翁亭记》"野芳发而幽香"，教材释"芳"为"花"。《说文解字详解》中"芳"释为"草的香气"，从艹，从方，属形声字。《古汉语常用字字典》中"芳"有两个义项：花草发出的香味；美好的。综上所述，"芳"应注为"花草发出的香味，这里指花"。

2. 语法

（1）七上《诫子书》"遂成枯落"。教材释"枯落"为"凋落，衰残"。"枯落"是两个词。《古汉语常用字字典》中，"枯"释为"草木枯萎"，"落"释为"衰落，零落"。文言文中字与词不能混淆。因此，"枯落"应注为"枯枝和落叶"。

（2）八上《与朱元思书》"急湍甚箭，猛浪若奔"。"奔"属于词类活用，教材中没有注释。《古汉语常用字字典》中"奔"有"跑、逃亡"之义，属动词。这里的"奔"指飞奔的骏马，是动词活用为名词。

（3）八上《愚公移山》中"聚室而谋曰"，教材释为"集合全家人来商量"，没有单独注释"聚室"。"室"有"家"义，"聚室"中的"室"指全家人，"聚"用作使动词。因此，"聚室"应注为"使全家人聚在一起"。

（4）八下《桃花源记》中的"武陵人捕鱼为业"与"不足为外人道也"，教材未注释"为"，课后习题让学生解释"为"。《现代汉语词典》中"为"有五种解释：做、表示某种动作行为、当作、变成、是。因此，前一个"为"作为动词，应释为"作为"，后一个应释为"给"，介词。

（四）注释术语不规范

部编版初中语文教材文言文注释存在术语使用不规范现象，如对通假字的解释都用"同"，即"某"同"某"，而没有使用"某"通"某"。"某同某"多用于注释异体字，异体字指读音和意义完全相同、字形不同的字。"通假字"就是用读音相同或相近的字来代替原来的字。注释术语不规范会导致学生不能准确判断通假字和异体字等。

（1）七上《论语》十二章中的"吾十有五而志于学"，教材注释

"有"同"又",用于整数和零数之间。王力《古代汉语》注"有"通"又"。《古今字与通假字》中"有""又"都属匣母,之韵。因此,"有"读作"又",在这里是借用音同的字,教材用"同",属于异体字,这里应注释"有"通"又",二者为通假字关系。

(2)七下《木兰诗》"对镜帖花黄"。教材注释"帖"同"贴"。《说文解字详解》释"贴"为"帛书署也,从巾,占声"。《古汉语常用字字典》释"贴"为"黏附"。在这里"帖"应通"贴",是同音借用字,注释术语应用"通"而不是"同"。

(3)八上《愚公移山》中的"甚矣,汝之不惠",教材注释为"惠"同"慧",聪明。《说文解字详解》释"慧"为"从心,彗声"。《古汉语常用字字典》释"慧"为"聪明"。《古汉语常用字字典》释"惠"为通"慧",聪明。"慧"在上古时期属月部,匣母;"惠"属质部,匣母。月与质均属于旁转叠韵,两者是有联系的。在这里"惠"假借"慧",是同音借用关系,应注释为"惠"通"慧",聪明。

(4)八下《桃花源记》中的"便要还家",教材注释为"要"同"邀"。"要"的本义是"女子叉腰站着"。《古汉语常用字字典》释"邀"为"邀请"。在这里"要"是借用的通假字,是同音代替。因此,应释为"要"通"邀",注释术语用"通",而不是"同"。

(5)八下《马说》"食之不能尽其材能"中的"材",教材注释为"才能、才干"。《说文解字详解》释"材"为"从木,才声"。《古汉语常用字字典》中"材"的注释有两种:木材、木料;通"才",才能。此句应注释为"材通才",才能、才干,是音同音近的通假字关系。

(6)九下《送东阳马生序》中的"四支僵劲",教材注释"支"同"肢"。《说文》:"支,去竹之枝也。""支"是"肢"的本字,引申为"肢、枝"。《古汉语常用字字典》释"支"为"枝"。《古汉语常用字字典》释"肢"为人或动物的四肢。"支"与"肢"是一组音同义近同源字,而非古今字、通假字、异体字。

二、部编版初中文言文注释商榷

部编版文言文注释有详有略,整体上做到了简洁、明了,但也存在一定的不足。一方面，我们离文言文所处的时代比较远，尤其是上古时期的文言文，对编写者来说是一个极大的挑战。有些注释用白话文理解就失去了文言文原有的味道。另一方面，部编版初中语文教材文言文注释是最新的版本，对比人教版，有些注释整体上做了调整，人教版有的部编版未必有，部编版有的人教版没有，因此，部编版中的有些字、词、句还需推敲打磨。同一个字出现在不同版本中注释也有差异。例如七年级上《论语》十二章"好之者不如乐之者"中的"乐"，部编版释为"以……为快乐"，人教版释为"以……为乐趣"；七年级下《爱莲说》"濯清涟而不妖"中的"妖"，部编版释为"过分艳丽"，人教版释为"美丽而不端庄"；九年级上《岳阳楼记》"若夫淫雨霏霏"中的"霏霏"，部编版释为"雨雪纷纷而下的样子"，人教版释为"雨（或雪）繁密的样子"。部编版初中文言文注释大部分都是正确的，但个别字、词、句难免有误，主要有两个原因：一是编写者没有考虑学生的实际情况，把难的当成容易的，认为不需要注释；二是编写者回避了有争议的字词句。

三、部编版初中文言文注释建议

部编版初中语文教材的编写者来自社会的各个领域，如学识渊博的专家学者、扎根基层的一线教师等，在编写文言文注释时应各司其职，专家学者应发挥自己的学术特长，教师应根据实际教学经验将学生对文言文知识的掌握情况反馈给编写人员，还要考虑到使用教材的不同地区，农村教学和城市教学是有差异的。因此，编写者在编写部编版初中语文教材文言文注释时要多方面考虑。教师是部编版初中语文教材文言文注释最好的践行者，学生是使用者，只有保证注释的正确性，才能更好地传播传统文化。

结　语

本文对部编版初中文言文注释首先从当注未注、注释欠精确、重复注释、术语混淆几个方面进行归纳并举例分析；其次，从语音、词汇、文体、语境、语法等方面展开分析。本文认为掌握文言文注释是了解和阅读古文的基础。部编版初中文言文1—6册的多数注释是正确可靠的，个别存在问题的注释教师可在教学时指出，以帮助学生更好地学习文言文。

参考文献

［1］陈必祥. 古今字与通假字［M］. 昆明：云南教育出版社，1986.

［2］道而吉. 论古汉语的偏义复词［J］. 内蒙古大学学报（人文社会科学版），2004（6）.

［3］郭在贻. 训诂学（第1版）［M］. 北京：中华书局，2005.

［4］王力等编. 古汉语常用字字典（第5版）［Z］. 北京：商务印书馆，2016.

［5］教育部组织编写，温儒敏总主编. 义务教育教科书七年级（上、下册）［M］. 北京：人民教育出版社，2016.

［6］教育部组织编写，温儒敏总主编. 义务教育教科书八年级（上、下册）［M］. 北京：人民教育出版社，2017.

［7］教育部组织编写，温儒敏总主编. 义务教育教科书九年级（上、下册）［M］. 北京：人民教育出版社，2018.

［8］马哲. 说文解字详解［M］. 北京：北京联合出版公司，2015.

［9］时学伟. 初中文言文注释质疑［J］. 开封教育学院学报，2010（3）.

［10］汤可敬. 说文解字今释［M］. 长沙：岳麓书社，1997.

［11］郑学锋. 人教版初中语文文言文注释疑误举例［J］. 课程教育研究，2014（15）.

［12］中国社会科学院语言研究所词典编辑室. 现代汉语词典（第7版）［Z］. 北京：商务印书馆，2016.

统编版初中语文古典小说教学研究

孙　铵[①]

摘　要：在初中语文教学中，古典小说教学是必不可少的一部分，它蕴含着丰富的文化知识，但受应试教育的影响，古典小说教学往往容易被忽视。本文针对古典小说教学中存在的问题，从教学观念、教学方式等角度出发，探讨如何指导学生阅读古典小说，并提出相应的方法，以帮助学生够感受古典小说的魅力。

关键词：统编版；初中语文；古典小说；教学研究

引　言

中华文化源远流长，博大精深，几千年的文明发展历程之中出现了体裁多样、丰富多彩的文学作品，如神话传说、诗词歌赋、小说故事等。许多优秀作品被选入初中语文课本，其中值得一提的是古典小说。古典小说因故事性强、人物形象描写鲜明突出等特点而被人们所熟知和喜爱。在统编版初中语文课本中，古典小说所占篇目相较于其他文体不多，总共只有7篇，但其具有独特的魅力，是语文课本不可或缺的一部分。本文针对古典小说教学现状，并结合相关文献资料，探讨古典小说在初中语文教学中的作用、意义，指出教学中存在的问题，并提出相应的解决策略。

[①] 孙铵，黔南民族师范学院文学与传媒学院2017级汉语言文学专业本科生。

一、统编版初中语文古典小说教材情况分析

统编版初中语文教材中的古典小说可以分为古典文言小说和古典白话小说两种。所选题材有英雄传奇、儒林世相、历史故事、寓言故事、志人小说等，类型丰富多样，各具特色。入选初中语文课本的古典小说并不多，只有7篇，具体篇目见表1：

表1

七年级上册：《世说新语》二则（《咏雪》《陈太丘与友期行》)、《狼》
七年级下册：《河中石兽》
八年级上册：无
八年级下册：无
九年级上册：《智取生辰纲》《范进中举》《三顾茅庐》《刘姥姥进大观园》
九年级下册：无

由表1可知，统编版初中语文教材中的古典小说主要来源于魏晋南北朝时期刘义庆的文言志人小说集《世说新语》；明朝小说家罗贯中创作的长篇章回体历史演绎小说《三国演义》及施耐庵的《水浒传》；清代吴敬梓的长篇小说《儒林外史》、曹雪芹的章回体长篇小说《红楼梦》、蒲松龄的文言短篇小说集《聊斋志异》、文学家纪昀的文言短篇志怪小说《阅薇草堂笔记》。从古典小说发展历程看，选文包含了名家名著，在篇幅的安排上也考虑得十分周到，既有长篇小说，也有短篇小说，还注意到将文言与白话小说编入其中。这能让中学生清晰地认识古典小说，把握古典小说的基本样式。

由表1还可知道七年级上册中的古典小说《咏雪》《陈太丘与友期行》都出自《世说新语》，都是简短的文言小说，放在低学段符合学生的认知特点，因为他们刚从小学阶段进入初中，学习文言文略显吃力，篇幅短小的文言文容易接受，随着学习的不断深入，学生逐渐适应初中生活，进入学习状态，古典小说的篇幅也随之扩大加深。如九年级上册第六单元的课文《智取生辰纲》《范进中举》等，都节选自古典长篇小说，这是由学生的学习阶段决定的。

总体来看，初中语文课本所选古典小说篇目稀少，只出现在初中的开头（七年级3篇）和结尾（九年级4篇）阶段，八年级的语文课本中没有古典小说。学生学习语文的主要工具之一是语文课本，这样编排使许多优秀作品都不能入选，势必会减小学生接触古典小说的机会，也导致古典小说教学不受重视。

二、统编版初中语文古典小说的教学意义

虽然统编版初中语文教材所选古典小说的篇目少，但古典小说蕴含的文化价值不可忽视，在初中教育中有重要的意义。

（一）传承优秀文化，培养审美素养

课标总目标规定："（1）在语文学习过程中，培养爱国主义情感、社会主义道德品质，逐步形成积极的人生态度和正确的价值观，提高文化品位和审美情趣。（2）认识中华文化的丰厚博大，吸收民族文化智慧。"明确了初中语文教育对中学生继承中华文化和培养审美素养的重要性。古典小说反映了某一时代的社会环境、人文环境、社会道德，如《水浒传》，字里行间无不透露出忠义、孝道，其中李逵的事迹堪称孝敬父母的典范。再如武松对哥哥武大郎的兄弟情谊、梁山英雄反对封建暴政的反抗精神等都体现了中华传统道德文化和建立理想社会的强烈愿望。

（二）提高阅读能力，提升写作水平

古典小说教学可以让学生学会多种表达方式，如记叙、描写、议论、抒情等，也可以让学生通过课文故事情节、人物形象分析来把握小说的思想内容，带动学生思考，提升语言表达能力和写作能力。如阅读《智取生辰纲》，可以分析吴用等人是怎样一步步智取生辰纲的，让学生带着问题梳理文章情节、线索，然后表述；通过分析杨志等的人物形象，可以抓住人物性格、语言描写，提高阅读理解能力。

（三）拓宽学生视野，丰富学生知识

巴金曾提到："我们有一个文学宝库，那就是多少代作家留下的杰作，它们教育我们，鼓励我们，要我们变得更好，更纯洁，更善良，对别人有用。文学的目的就是让人变得更好。"这告诉我们读书的重要性：成为更好的人。阅读古典小说可以陶冶情操，并以之为桥梁，与古人展开对话。比如学习《范进中举》，可以扩展了解中国古代选拔官吏的科举制度是从什么时候开始实行的，到哪个朝代逐渐僵化，以及科举制度的内容等。小说多处刻画了范进清贫、潦倒的生活，他去考试时的衣着及家中的茅草棚都表现了他的贫穷，反映了普通穷苦百姓的生活，希望通过科举改变命运。范进中举前后人们对他的态度变化则表现了当时社会人与人之间虚伪的关系。

（四）开拓学生思维，认识客观事物

"初中语文教学不但需要解决教材中的问题和难题，还应该努力帮助学生更好地理解文章内涵，这样学生的思维能力和领悟能力也会有较大的提高，学生的文学修养也会有很大提高。"在学习《河中石兽》这一则有教育意义的寓言故事时，学生可以通过搜寻石兽这个故事认识生活中的哲理。故事中庙里的和尚、学者、老河兵三人为搜寻石兽都提出了自己的办法，但只有老河兵是正确的。因为庙里的和尚对事物的认识有限，只会按照固定思维在下游寻找。学者虽有很多理论，但缺少实践。老河兵常年与河流打交道，对相关事物了解细致，自然能得出石兽在上游的正确结论。这则故事能让学生在认识事物时更加全面，思维更加发散，了解到事物具有特殊性，时刻处在发展变化中，不能按照常规的思维模式、主观猜想来认识事物，只有不断实践、深入探究才能得出结果，明白"实践是检验真理的唯一标准"。又如学习《狼》这篇课文可从狼和屠夫两个角度去看问题：狼代表着邪恶群体，不论它多么奸诈狡猾都难逃被正义打败的结局；我们要像屠夫一样，如果遇到像狼一样的人和事时要敢于抗争，不屈服，不妥协，不惧怕邪恶。

三、统编版初中语文古典小说教学存在的问题

（一）教师教学中存在的问题

1. 教学功利化，忽视情感教育

新课程改革使素质教育、全面发展得到大力普及，中学语文教学也随之不断改进、更新。当前，成绩仍然是检验学生学习的标准之一。这使教师在教学时产生了比较严重的功利心理。初中语文教材中古典小说选文内容较多且长，不像现代散文、诗歌那样篇幅短小适宜，教师在教学古典小说时需花费较多精力。因每堂课教学时间有限，所以教师在教学时注意力多转移到散文、诗歌上。

现代教育常用考试成绩是否达标来决定学生能否进入下一阶段的学习，所以教师教学常从考试大纲出发。初中语文考试中古典小说题目少、分值低，教师在教学中对这一部分内容往往不仔细讲解，只是让学生知道小说的故事情节、人物，缺乏深入探讨，导致学生对古典小说的学习没有兴趣。新课标提到的语文教学三维目标中较难达到情感态度与价值观的实现。情感教学和价值观不是显性的，既看不见，也摸不着，而是在潜移默化之中影响学生。要达到此目标，需要教师在日常教学中不断反思、探索、钻研，重视对学生情感态度和价值观的培养。"有效地开展情感教育可以使学生情感丰富，性格立体，使学生始终保持着对世界的好奇心，并拥有独立完善的性格。"古典小说的情节发展、人物形象等蕴含着作者的思想感情，在课堂教学中，教师要引导学生关注文本的思想内涵，关注学生的人格发展。

2. 教学模式化

在进行古典小说教学时，教师会按照一定的模式教学相同体裁的文章，如采取介绍作者、写作背景、层次划分、主题思想分析等模式。这种模式缺乏新意，对文章内容的研读没有深入，流于表面，课堂枯燥无味，只有教师自己滔滔不绝，忘记学生是学习的主体。这种灌输式传递导致学生不能积极动脑，学习知识的过程僵化，课堂氛围消极，学生积极性低，教学效果达不到要求，质量难提高。如果不做出改变，许多感

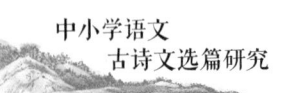

人深思、发人肺腑的优秀篇目就会失去魅力，不能感染学生，课程标准强调的素质教育就无法实现。

3. 教学缺乏对学生的读书指导

语文课本中的古典小说多选自名著名篇，学生只有阅读原著，才能了解故事情节的发展脉络和不同人物之间的关系、矛盾冲突。如《智取生辰纲》中吴用等人为什么要智取生辰纲，没读过《水浒传》的学生在学习过程中就会摸不着头脑，只知道课文写了吴用等人智取生辰纲的过程。所以，加强学生的课外阅读是学习古典小说的必然要求。许多学生课外阅读少，跟不上，很大一部分原因是教师没有重视学生对古典小说的阅读。教师应教授学生阅读方法，使之养成阅读习惯。如《红楼梦》中人物多，关系复杂，教师就可以指导学生绘制人物关系图，理清人物关系。

（二）学生学习方面存在的问题

1. 字词句较难理解

古典小说使用的语言与现代汉语在语法、句式、词语上都有差别，有的还夹杂当时社会的白话，有一定的阅读难度。如《智取生辰纲》中的这段话："今日杨志这一行人，要取十五日生辰，自离了这北京五七日，端的只是起五更趁早凉便行，日中热时便歇。"此处的"取"是"赶"的意思，与现代汉语中的意思不同，"端的"的意思是"真的，确实"。再如《范进中举》中胡屠户骂范进这一段："你问我借盘缠，我一天杀一个猪还赚不到钱把银子，都把与你去丢在水里，叫我一家老小嗑西北风！一顿夹七夹八，骂得范进摸门不着。"这里的"把与"指"拿给，送给"；"嗑西北风"在现代汉语中称为"喝西北风"；"夹七夹八"形容说话乱七八糟，没有条理；"摸门不着"意思是范进被骂了，不知道怎么办。看似简短的几句话，理解起来却不容易，在中学生眼中就是"病句"，这种差异是语言环境的改变造成的，所以学生在阅读时没有注释就很难读懂，读不清楚、读不明白，对古典小说的阅读兴趣便会减少，失去耐心。

2. 学业负担的影响

初中生学习科目多，学习时间少，沉重的课业负担成了他们全文阅读古典小说的绊脚石，为了应付考试和作业，很难挤出多余的时间阅读古典小说。教师在教学时受课时限制不可能留出时间让学生在课堂上阅读，只能挑选重要内容讲解，导致课堂效果不佳。大多数学生的学习目的是取得好成绩，顺利通过考试，达到学校的要求，满足家长的期望，为此，课下有的学生报辅导班，放学或假期时间被各种补习班安排得满满当当，能阅读古典小说的时间少之又少，就算有时间，他们更愿意放松自己，选择趣味性强的喜剧小说、言情小说以减轻学业压力，即使看古典小说，往往也是被迫的、强制性的，很难达到古典小说的阅读效果。

3. 网络文化的影响

随着网络的发展，网络文化、网络文学也日益丰富，"伤感文学""鸡汤文章"、电子书、热门小说等通俗文学备受学生欢迎，优秀的古典小说受网络小说冲击，逐渐边缘化。这让现代教育不得不思考怎样才能找到古典小说与网络文学的平衡点，让学生喜爱阅读古典小说，这需要教育者付出努力，寻找相应的解决办法，对当前的教学做出改变和创新。

四、统编版初中语文古典小说教学策略

（一）提高古典小说在语文教学中的地位

语文教材是进行古典小说教学的首选资源，是学生接触古典小说的重要途径。要提高古典小说在语文教学中的地位，首先要对语文教材进行改革。教材是学生学习的基础，大部分学生认为只有教材中的内容才是应该学习的，况且考试内容也是根据教材制定的，所以要提高学生对古典小说的兴趣，可增加教材中的选文篇目，如增加《红楼梦》中的"黛玉葬花""元妃省亲"、《三国演义》中的"舌战群儒""三英战吕布"等内容，以提高学生对古典小说的学习兴趣，增长他们的知识，开阔他们的眼界。另外可以提高古典小说在考试中所占的分值，间接提高学生阅读古典小说的兴趣。

（二）文本解读策略

当前，一些教师在教学古典小说时，多停留在文本解读层面，不够深入细致，不能激发学生的学习兴趣。如何解读文本，可从以下几方面入手：

1. 鉴赏人物形象

左拉认为小说"最重要的问题是要使活生生的人物站起来"。一个故事、一部小说要想吸引读者，必定要有鲜明的人物形象。塑造人物形象是小说的主要功能，也是小说成为经典的必备条件。成功的小说形象能够永久流传，成为经典，如诸葛亮、孙悟空、林黛玉等形象，正是这些经典形象的存在使作品有了灵魂。

鉴赏人物形象一般可以从人物的言行、思想、性格等入手，如分析《刘姥姥进大观园》中的刘姥姥形象。课文开头描写刘姥姥来到贾府，说贾府是"大家子住大房子"，从中可以看出刘姥姥是一个没见过世面的地地道道的农村老妇人。后面写到王熙凤和鸳鸯拿象牙镶金的筷子取笑刘姥姥，她也能用"老刘，老刘，食量大如牛：吃个老母猪，不抬头！"来应对，可以看出刘姥姥的机智、乐观，她这样做是想报答贾府在她困难时对她的帮助。善良、懂得感恩的她能做的也只是逗大家开心。刘姥姥的善良不止于此，通读整部小说能更完整地了解这个人物。林文和在《文学鉴赏与写作》中说："一部小说成功与否，主要是看人物写得如何；分析、鉴赏小说必须抓住人物形象做具体剖析，首先看其是否逼真、富有生命力。"《刘姥姥进大观园》一文就生动形象地刻画了刘姥姥这一人物，她虽然不是《红楼梦》中的主要人物，但也是除了主角常被人们提起的典型人物。

2. 抓住细节，分析文本

俗话说"细节决定成败"，这话在文学作品的创作中也同样适用。细节描写是小说写作的关键环节，注重细节刻画的作品往往会取得意想不到的效果。如《刘姥姥进大观园》中对刘姥姥滑稽的语言、动作的描写引发了众人大笑，此处众人的笑各具情态，侧面反映了他们的社会地位、身份和相互间的关系。像史湘云性格直爽开朗，毫不顾虑其他人，她的笑是大笑，躲出去蹲着笑的是家里的丫头仆人，社会地位低下的他们不敢在主人前面放肆地笑。作者正是抓住了这些特征才描绘出耐人寻味的"笑"的细节。再如《范进中举》中写范进中举后胡屠户对他恭恭敬敬、唯唯诺诺，一口一个"老爷"，生怕得罪了他，与之前对范进的不待见、轻视、侮辱形成了巨大的反差和讽刺。文章末尾胡屠户听见范进要将银子赠送给他时连忙把拳头缩了回去，往腰里揣。对胡屠户的动作描写淋漓尽致地塑造了一个见钱眼开、虚伪做作的市侩小丑形象，极大地增强了小说的讽刺艺术魅力。

3. 多元解读，尊重学生个性差异

"在语文课堂引进多元解读，再将学生作为一个独立的个体从课堂上分离开来的同时，更有利于其发现新的成果，促进课堂教学的进步。"在初中语文古典小说教学中，教师要鼓励学生自己解读，感受不同体裁的文学作品的艺术风格。如在讲解《范进中举》时，对范进的人物形象进行分析，他是一个在封建社会下被科举制度所腐蚀、控制的人，他渴望功名利禄却常年不得，好不容易中举之后竟高兴得发了疯。对此，有的学生认为范进心理素质差，是一个脆弱的人，经不起大风大浪；有的学生却从他多次失败仍不放弃最终考取科举中看到了他强大的毅力；还有的学生认为他是一个富有冒险精神的人，他的宗师说他火候已到，这句话成了他冒险精神的支柱，自此放手一搏。对人物形象的分析，每个学生都有自己的看法，教师应让学生畅所欲言。发散式的阅读能让学生有自己的判断和理解，教师应给学生更多的思考空间，对古典小说进行多元解读，而不再局限于教师给定的答案，这样学生可以逐渐养成自主阅读的习惯。

（三）教师要树立正确的教学理念

1. 教师要提高自身的专业素养

教师作为文化知识的创造者和传播者，应不断追求专业的进步和发展。教师需严格要求自己，树立终身学习的理念，持续不断地提高自身的专业素养，可以从专业知识、专业技能、专业态度等方面展开。专业知识包括心理学、教育学、语文学科知识等，专业技能如导入、提问、表达、教学多媒体工具的运用等，专业态度则是在对所从事专业的价值、意义的理解基础上形成的精神判断。古典小说中有丰富的古代文化知识，教师只有提高自身的专业素养，才能在教学中帮助学生解决遇到的问题，避免出现"一问三不知"的尴尬场面。"教师要有一桶水，才能给学生一杯水。"教师要有这样一种意识：业务基础是第一位的，教学方法是第二位的。为了教育事业而多读书，练就扎实、深厚的基本功，是语文教师的首要任务。教师只有不断进取、终身学习，才能在教学中游刃有余，更好地引导学生掌握语文知识，领悟语文的魅力。

2. 转变教学理念

随着新课改和素质教育的实施，教师的教育理念也应随之发生改变。教师要转变观念，教师与学生在人格上是平等的，要理解和尊重学生的不同见解和看法，把学生视为有人格的人、平等的人、自主的人和有潜力的人，认识到学生"青出于蓝胜于蓝"的发展规律。其次转变教师角色，要由知识的传授者变为学生学习的引导者和学生发展的促进者。古典小说教学不该是教师的"满堂灌"，而是要把课堂还给学生，让学生成为课堂的主人，如教学《智取生辰纲》时，教师可以让学生自己提出本篇课文的学习内容、重点，或分成小组，每组成员对本课设问题，其他小组成员回答。这种方式不仅能调动学生的学习积极性，还能使学生动脑思考。

（四）教师如何指导学生学习古典小说

1. 提前预习，了解文章脉络

教学前让学生提前预习，查找相关资料，理解文章的重难点字词句、文化常识，理清故事的发展过程。课文所选的古典小说多为片段，学生课前可查找相关章节，把握人物的特征和故事的结构，这样做还可以减少课堂时间的浪费，使每一分钟都用到实处。

2. 观看影视作品，激发学生的兴趣

当前，很多古典小说已被拍成影视作品，如《三国演义》《红楼梦》等，为古典小说教学提供了丰富的资源。教师应充分利用多媒体资源，将与选文相关的情节播放给学生看，改变传统的课堂直接讲述故事情节的方式，让故事情节更加清晰，人物形象更加立体、饱满。这种方式对学生更有吸引力，更能激发学生的学习兴趣，并喜欢上阅读古典小说。需注意的是，播放相关影视作品应把握好时长，时间不宜过长，有些影视作品在原著的基础上有改编,应提醒学生注意区分。

3. 探究式讨论,发挥学生的主动性

探究式讨论即在教师指导下,以学生为主体,让学生自觉主动探究。

语文课程标准提到:"积极倡导自主、合作、探究的学习方式。"这就意味着教学过程是师生交往、积极互动、共同发展的过程。探究式学习方法可运用讨论的形式,让学生掌握知识、解决问题。如在讲授《三顾茅庐》时,教师可以让学生查阅《三国演义》中还有哪些故事写到了诸葛亮或刘备,如与诸葛亮有关的有草船借箭、空城计、火烧新原、七擒孟获,与刘备有关的有桃园三结义、煮酒论英雄、三让徐州、白帝城托孤等。接着让学生探讨在写诸葛亮、刘备等人物时还包含了哪些人物以及他们的事迹,并谈谈对这些人物的看法。就这样从一两个人物身上就可以引出更多的人物故事。这种探究方式会帮助学生全面了解《三国演义》的内容,整体把握全书的脉络。教师还可以引导学生在课堂上组成辩论小组,就某一个问题进行辩论。如《刘姥姥进大观园》中王熙凤和鸳鸯戏弄刘姥姥时,刘姥姥的表现是真的憨厚老实还是聪明机智。通过正反双方辩论,使学生发散思维,积极动脑思考,进一步激发学习古典小说的兴趣。

4. 设置情境教学,调动学生的积极性

情境教学就是让学生对所选古典小说的情节进行表演、模拟,把握小说中的人物形象,扮演相关人物,展现经典环节。情境教学是古典小说与教学实践相结合的一种方式,教师可把学生分成小组,在班级内演出。这样做可以让学生与人物融合,更好地体验小说人物的内心世界,还可以提高学生的表现力,锻炼学生的创造性思维,正所谓"寓教于乐",将教育和娱乐结合起来,改变传统教学的单一模式,激发学生的学习兴趣。情境教学对提高学生的理解能力,增强对人物形象的感知有很大帮助,可使学生喜欢上经典人物,从而激发阅读古典小说的兴趣。

5. 课后巩固,拓展延伸

教师在讲解完一篇课文之后,可以让学生将自己通过本篇课文学到的东西记录下来,看看这篇课文让自己增加了哪些知识,懂得了什么道理。如学习了《河中石兽》一课,学生明白了任何事情都要尊重客观事实，从实际出发，不能盲目凭空猜想。学习了《刘姥姥进大观园》一课，让学生对其中的人物进行评价，谈谈哪个人物给自己留下了深刻的印象，还想了解哪些人物之间的故事等。这些做法都可以让学生在学习课文的基础上提高阅读古典小说的兴趣，增强阅读理解能力。教师也可让学生根据自己的想法改写、续写故事情节，以让小说的结局符合自己的要求。如在学习了《范进中举》之后，可以让学生续写中举之后范进的生活、他对待胡屠户的态度、他对名利的追逐等，激发学生展开丰富的想象，提高写作能力。

结　语

古典小说教学是初中语文教学的一部分，却因在考试中所占比例小、选文篇目少等在实际教学中不被重视。如果不改变初中古典小说的教学现状，古典小说中蕴藏的优秀传统文化的传承将会受到影响，学生也不能从古典小说中得到良好的文化熏陶。本文以统编版初中语文古典小说教学为研究对象，从教学观念、教学方式等角度出发，探讨如何指导学生阅读古典小说，并提出相应的古典小说教学方法，认为要改变古典小说教学现状，需要提高古典小说在教材中的比例，对教师而言要改变传统的教学理念，提高自身的专业素养，通过新颖的教学方法和多媒体等激发学生兴趣，引导学生积极主动地学习和阅读古典小说，感受古典小说的魅力，增强自身的文化修养和文化内涵。

参考文献

[1] 董晓艳. 谈教师角色的转变［J］. 课程教材教学研究（教育研究），2017（Z3）.

[2] 封期娥. 情感教育在初中语文教学中的渗透分析［N］. 科教新报，2019－10－23（15）.

[3] 古典文艺理论译丛编辑委员会. 古典文艺理论译丛 8［M］. 北京：人民出版社，1964.

[4] 胡玉龙. 初中语文经典文本多元解读探析［J］. 语文教学与研究，2019（22）.

［5］胡国萍. 现代中小学语文教师专业素养研究［M］. 哈尔滨：黑龙江教育出版社，2012.

［6］李泓. 语文阅读能力的强化培养［J］. 福建教育学院学报，2004（11）.

［7］林文和. 文学鉴赏与写作［M］. 北京：农村读物出版社，1993.

［8］吴敏强. 浅谈文学作品的阅读教学［J］. 明日风尚，2016（24）.

［9］杨敬伟. 新课程改革中语文教师教学理念的更新［J］. 新乡教育学院学报，2009（3）.

［10］张必锟. 我教语文：张必锟语文教育论集［M］. 北京：人民教育出版社，2016.

［11］张魁. 在语文教学中培养学生的思维能力［J］. 中学语文，2018（15）.

［12］朱绍禹. 中学语文课程与教学论［M］. 北京：高等教育出版社，2005.

下篇
小学语文古诗文选篇研究

统编本小学语文古诗文选篇统计分析[①]

张春秀　石　倩[②]

摘　要：本文对统编本小学语文教材古诗文选篇进行了穷尽的考察，并作了比较全面的分析，以期为以后全面了解和使用新教材有比较深刻的认识。

关键词：统编本；小学语文；古诗文；选篇分析

统编本小学语文教材于2016年秋季试行，2017年新学期一年级正式统一使用，2019年秋季起全覆盖。统编本小学语文教材和人教版教材相比，采取了"内容主题"和"语文素养"双线组元的方式；积极提倡阅读教学的"1+X"，创新性地设置了"和大人一起读""快乐读书吧"两个栏目，强调了阅读的重要性；改变了以往先学拼音后识字的顺序，突出了汉字文化的重要性；加大了古诗文的分量等。统编本语文教材"专治不读书、少读书"的毛病，从小抓起，正本清源，守正创新，为落实立德树人的根本任务打下了坚实的基础。

古诗文是中华民族传统文化的重要组成部分，继承和发扬中华优秀

[①] 基金项目：本文为黔南民族师范学院硕士生导师基金项目"部编本语文教材古诗文群文阅读研究"阶段性成果之一（编号：QNSYDSPY010），黔南民族师范学院高层次人才研究专项项目"敦煌变文名物辑释"阶段性成果之一（项目编号：qnsyrc201812），黔南民族师范学院语言学及应用语言学提升计划项目校级重点学科阶段性成果之一（编号：QNYSXXK2018013），黔南民族师范学院语言学及应用语言教学团队项目2017年校级一流团队项目教改课题阶段性成果之一（编号：2017xjg0303）。本文发表于《新作文·教研版》2021年第10期，收入本书有删改。

[②] 石倩，黔南民族师范学院文学与传媒学院2020级学科教学硕士研究生，研究方向为学科语文。

文化是我们义不容辞的义务和责任，学习、掌握、应用汉语必须"从娃娃抓起"。古诗文是指 1919 年五四新文化运动以前产生的诗与文，主要包含诗、词、曲、民歌、韵文、对联、古言文等，是中国古典文化的主要载体。本文中的古诗文特指选入统编本小学语文教材中的诗、词、民歌、韵文、文言文[①]（以下简称古诗文）。

为了更好、更系统地学习和掌握古诗文，下面对统编本小学语文教材中古诗文选篇情况进行穷尽性的统计，以期为以后全面了解和使用新教材有比较深刻的认识。

一、统编本小学语文古诗文选篇体裁类型统计分析

统编本小学语文共选入 132 首（篇、段）古诗文，占选文总篇目的 31.96%，每学年平均 22 首（篇、段），每学期平均 11 首（篇、段）。统编本小学语文古诗文选篇涉及的体裁主要有古体诗、近体诗、乐府诗、词、韵文、文言文几种，其中古体诗 10 首，近体诗 89 首，乐府诗 4 首，词 8 首，韵文 3 篇，文言文 18 篇（段）。具体见表 1。

表 1　统编本小学语文 1—6 年级古诗文选篇体裁类型与数量

体裁	古体诗	近体诗 绝句	近体诗 律诗	乐府诗	词	韵文	文言文	总计
数量	10	84	5	4	8	3	18	132
比例（%）		78.0			6.1	2.3	13.6	100

说明：此表统计的体裁类型有诗、词、韵文、文言文。统编本小学语文没有选曲。

从表 1 可以看出，统编本小学语文古诗文选篇体裁丰富，有诗歌、词、韵文、文言文等，以诗歌为主，其他为辅。诗歌共 103 篇，占所选古诗文总数的 78.0%。诗歌主要以近体诗为主，占总篇目的 67.4%，其中绝句 84 首，占所选近体诗的 94.4%，律诗 5 首，占 5.6%；文言文 18 篇（段），占总篇目的 13.6%；词 8 篇，占总篇目的 6.1%；韵文

---

① 这里的文言文是指除诗、词、曲、民歌以外的体裁。

3篇，占总篇目的 2.3%。

二、统编本小学语文古诗文选篇朝代分布统计

统编本小学语文古诗文选篇主要以唐、宋、清三代的作品为主，其他朝代的篇目为辅。其中一年级共选入 16 首（篇）古诗文，二年级共选入 14 首，三年级共选入 20 首（篇、段），四年级共选入 22 首（篇、段），五年级共选入 30 首（篇、段），六年级共选入 30 首（篇、段）。具体见表 2。

表 2　统编本小学语文 1—6 年级古诗文选篇的朝代分布与数量

所在年级	上下	朝代								
^	^	先秦	汉	南朝	北朝	唐	宋	元	明	清
一	上		1			5				1
^	下					5	2		1	1
二	上				1	5	1			
^	下					4	1			2
三	上	1				6	3			
^	下					5	3	1		1
四	上	1		1		6	3			
^	下					6	4			
五	上	1				5	5			3
^	下	1		1		6	5		1	2
六	上	1				5	5			
^	下	3	2			6	6		1	1
总计	132	8	3	2	1	64	38	2	3	11
比例 (%)	100	6.1	2.3	1.5	0.8	48.5	28.8	1.5	2.3	8.3

说明：此表统计范围包括识字、课文、日积月累、语文园地等。

从表 2 可以看出，统编本小学语文古诗文选篇涉及的朝代除了秦代、三国、晋、隋，其他朝代基本都有，其中以唐代为最多，共选 64 首（篇、段），占所选古诗文总数的 48.5%；宋代次之，有 38 篇，占

28.8%；清代 11 篇，占 8.3%；先秦 8 首（篇、段），占 6.1%；汉代和明代各 3 首（篇、段），各占 2.3%；南朝和元代各两篇，各占 1.5%；北朝最少，仅 1 篇，占 0.8%.

三、统编本小学语文古诗文选篇的学习要求

统编本小学语文古诗文选篇的学习要求主要是能正确、流利地朗读课文，背诵一定数量的优秀选篇，默写少量的篇目。根据统计，一年级和二年级要求各背诵 8 首诗文（这里的"文"特指韵文），无默写任务；三年级要求背诵 14 首（篇、段），默写 4 首；四年级要求背诵 15 首（篇、段），默写 5 首；五年级要求背诵 17 首（篇、段），默写 5 首；六年级要求背诵 15 首（篇、段），默写 3 首。具体见表 3。

表 3 统编本小学语文 1—6 年级古诗文选篇数量及学习要求背诵和默写数量

所在年级	上下	古诗文选篇数量	背诵古诗文数量	默写古诗文数量
一	上	7	3	0
	下	9	5	0
二	上	7	4	0
	下	7	4	0
三	上	10	7	2
	下	10	7	2
四	上	11	8	3
	下	11	7	2
五	上	14	9	2
	下	16	7	3
六	上	11	7	2
	下	19	8	1
总计		132	76	17
比例（%）		31.96	57.8	22.4

说明：此表的统计仅限于课文与识字单元。

从表 3 可以看出，统编本小学语文古诗文选篇共有 132 篇，占总课

文数的 31.96%；背诵篇目为 76 篇，占所选古诗文总数的 57.8%，占课标要求背诵优秀诗文的 47.5%；默写的篇目为 17 篇，占背诵篇目的 22.4%。其中一、二年级没有布置默写任务，小学中年级和高年级也只布置了少量的默写篇目，原因是小学阶段的任务主要是识字、写字和阅读，这样安排比较符合小学生的学习情况。

结　语

以上对统编本小学语文古诗文选篇的体裁类型、朝代分布和学习要求三个方面进行了穷尽性的统计，并作了具体分析，小结如下：从体裁分布看，主要以近体诗为主，以绝句为最多；从朝代分布看，主要以唐、宋、清三代作品为主，以唐代为最多；从学习要求来看，主要以朗读和背诵为主，默写少量的篇目。总之，统编本小学语文古诗文选篇重点突出，详略得当，循序渐进，有机渗透，整个设计符合小学生的学习特点和认知规律。

小学阶段是我们人生求学的开始，这个阶段要养成多读书、好读书、读好书、读中国书、多积累、少做题的习惯，为身心健康成长，形成积极的人生态度和正确的世界观、价值观奠定基础。

参考文献

［1］段宗平. 统编本小学语文教材的六点创新［J］. 语文建设，2018（7）.

［2］顾之川. 古诗词与中小学语文教育［J］. 中国民族教育，2017（4）.

［3］顾之川. 语文教材的价值追求与语文品格［J］. 名作欣赏，2019（16）.

［4］韩宝江. "部编版"小学语文教材内容正误辨析［J］. 新课程研究，2019（10）.

［5］教育部组织编写，温儒敏总主编. 义务教育教科书语文（1—6年级）［M］. 北京：人民教育出版社，2016－2019.

［6］梁健炜. 关于小学语文统编教材的思考［J］. 教育观察，2018

（6）.

　　［7］李安琪，黄芳，董文. 基于语文学科核心素养培养的部编本小学语文教材古典诗文编制分析［J］. 西部素质教育，2019（22）.

　　［8］欧阳澜. 统编小学语文教材的继承与创新探析［J］. 湖北第二师范学院学报，2018（6）.

　　［9］王本华. 从八大关键词看"部编本"语文教材的编写理念［J］. 课程教学研究，2017（5）.

　　［10］王本华. 守正创新，构建"三位一体"的语文教科书编写体系——部编义务教育语文教科书的主要特色［J］. 语文教学通讯，2016（26）.

　　［11］王春平. 对统编小学语文教材教学的认识与思考［J］. 青海教育，2018（3）.

　　［12］温儒敏. 如何用好"统编本"小学语文教材［J］. 课程·教材·教法，2018（2）.

　　［13］温儒敏. 小学语文中的"诗教"［J］. 课程·教材·教法，2019（6）.

　　［14］温儒敏. 用好统编本教材，切实提高教学质量——使用统编本小学语文教材的六条建议［J］. 语文建设，2019（16）.

统编本小学低年级语文古诗文选篇统计分析

张春秀　陈贵芬

摘　要：本文对统编本小学低年级语文教材古诗文选篇进行了穷尽的考察并作了比较全面的分析，以期为以后全面了解和使用新教材有比较深刻的认识。

关键词：统编本；小学低年级语文；古诗文；选篇分析

统编本小学语文教材于 2017 年新学期一年级正式统一使用，2019 年秋季起全覆盖。统编本小学语文教材采取了双线组元的方式，积极提倡群文阅读教学，创新性地设置了"和大人一起读""快乐读书吧"两个栏目，强调了阅读的重要性，改变了以前先学拼音后识字的顺序，突出了汉字文化的重要性，加大了古诗文的分量等。统编本语文教材提倡好读书、勤读书、读好书，书香中国，全面小康，从根抓起，落实立德树人的根本任务，为培养社会主义的建设者和接班人打下坚实的基础。

古诗文是中华文化的重要组成部分，是文学史上闪闪发光的一颗璀璨明珠。继承和发扬优秀的中国传统文化是我们每一个中国人的责任，学习、掌握、应用、传播汉语是每一个中国人应尽的义务。学习古诗文必须从小抓起。古诗文是指 1919 年五四新文化运动以前产生的诗与文，主要包含诗、词、曲、民歌、韵文、对联、古文等，是中国古典文化的主要载体。本文中的古诗文特指选入统编本小学低年级语文教材的诗、民歌、韵文

---

① 基金项目：本文为黔南州 2021 年教育科学规划课题立项项目"统编语文教材古诗文选篇语言文字教育研究"（项目编号：2021B009）阶段性成果之一，黔南民族师范学院高层次人才研究专项项目"敦煌变文名物辑释"（项目编号：qnsyrc201812）阶段性成果之一。

② 陈贵芬，江西省新余市五一路小学教师。

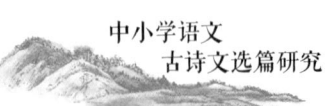

(以下简称古诗文,一年级上册还没有选入文言文)等。

为更好、更系统地学习、掌握古诗文,培养小学生的语言建构和应用能力,下面对统编本小学低年级语文教材中的古诗文选篇进行穷尽性的统计,以期为以后全面了解和使用新教材有比较深刻的认识。

一、统编本小学一年级语文古诗文选篇统计分析

统编本小学语文一年级上册共设置了 5 个单元,包括两个识字单元(共 10 课)、1 个汉语拼音单元(13 课)、两个课文单元(14 课),另外还有 4 个"口语交际"、8 个"语文园地"、1 个"快乐读书吧"栏目。统编本小学语文一年级上册的古诗文主要分布在识字单元和课文单元。具体见表 1。

表 1　统编本小学语文一年级上册古诗文选篇统计

所在单元	选篇名称	出处或作者	朝代	题材	体裁
识字	《对韵歌》	车万育《声律启蒙》	清代	启蒙读物	韵文
	《咏鹅》(语文园地一·日积月累)	骆宾王	唐代	咏物	古体诗(五言)
课文	《江南》	汉乐府	汉代	劳动情歌	汉乐府民歌(五言)
识字	《画》	王　维	唐代	山水	近体诗(五绝)
	《悯农》(其二)(语文园地五·日积月累)	李　绅	唐代	珍惜劳动成果	古体诗(五言)
课文	《古朗月行》(节选)(语文园地六·日积月累)	李　白	唐代	孩童的稚气认识	古体诗(五言)
	《风》(语文园地八·日积月累)	李　峤	唐代	风的力量	近体诗(五绝)

统编本小学语文一年级上册共选入 6 首诗、1 篇韵文。分析如下。

从出处或作者看:统编本小学一年级上册古诗文选篇要么是名人名篇,要么是朗朗上口的民歌、富于节奏的韵文。前者如骆宾王、王维、李绅、李白、李峤等;后者如汉乐府《采莲》及《声律启蒙》节选等。

从朝代分布看:统编本小学一年级语文上册古诗文选篇涉及汉代、

唐代、清代三个朝代的作品。其中唐代 5 篇，数量最多，占古诗文选篇总数的 71.4%；汉乐府民歌和清代韵文各 1 篇，各占 14.3%。

从题材内容看：统编本小学一年级上册古诗文选篇共有 6 种主题。其中关于劳动的两首，占总数的 28.6%；启蒙读物、咏物、山水、童趣、自然各 1 首（篇），各占 14.3%。

从体裁看：统编本小学一年级上册古诗文选篇有诗、民歌、韵文。以诗为主，其他为辅。诗 5 首，数量最多，占 71.4%，其中古体诗（五言）3 首，占 60%，近体诗（七言绝句）2 首，占 40%；民歌、韵文各 1 首（篇），各占 14.3%。

统编本小学语文一年级下册共设置了 4 个单元，包括两个识字单元（共 8 课）、两个课文单元（21 课）。另外还有 4 个"口语交际"、8 个"语文园地"、1 个"快乐读书吧"栏目。统编本小学语文一年级下册的古诗文主要分布在课文和识字单元。具体见表 2。

表 2　统编本小学语文一年级下册古诗文选篇统计

所在单元	选篇名称	出处或作者	朝代	题材	体裁
课文	《春晓》（语文园地二·日积月累）	孟浩然	唐代	惜春	近体诗（五绝）
	《赠汪伦》（语文园地三·日积月累）	李白	唐代	赠别	近体诗（七绝）
	《静夜思》	李白	唐代	客居思乡	古体诗（五言）
	《寻隐者不遇》（语文园地四·日积月累）	贾岛	唐代	钦慕不遇	古体诗（五言）
识字	《古对今》	车万育《声律启蒙》	清代	启蒙读物	韵文
	《人之初》	王应麟《三字经》	南宋	启蒙读物	三字韵文

续表2

所在单元	选篇名称	出处或作者	朝代	题材	体裁
课文	《古诗二首》(《池上》《小池》)	白居易、杨万里	唐代、南宋	小娃采莲、山水	近体诗（五绝）、近体诗（七绝）
	敏而好学，不耻下问。//不知则问，不能则学。//读书百遍，而义自见。//读万卷书，行万里路。（语文园地七·日积月累）	《论语》、《荀子》、董遇、董其昌	先秦、先秦、汉末三国魏、明代	学习之道	语录体、散文、散文、随笔
	《画鸡》（语文园地八·日积月累）	唐寅	明代	题画	近体诗（七绝）

统编本小学语文一年级下册共选入7首诗、两篇韵文、4句话。分析如下。

从出处或作者看：统编本小学一年级下册古诗文选篇仍延续了名人名篇的方式，如李白、白居易、孟浩然、贾岛、杨万里、唐寅的作品，还有《三字经》《声律启蒙》节选、《论语》《荀子》等选句。

从朝代分布看：统编本小学一年级语文下册古诗文选篇涉及唐代、宋代、明代、清代等朝代的作品。其中唐代5篇，数量最多，占古诗文选篇总数的55.6%；宋代两篇，占22.2%；明代和清代各1篇，各占11.1%。另外语文园地七的4句话涉及先秦、汉魏、明代。

从题材内容看：统编本小学一年级下册古诗文选篇共有8种主题。其中启蒙读物两篇，占总数的22.2%；惜春、赠别、客居思乡、钦慕不遇、童趣、山水、题画各1首（篇），各占11.1%。语文园地七里的4句话主要是关于学习之道的。

从体裁看：统编本小学一年级下册古诗文选篇有诗、韵文。以诗为主，文为辅。诗7首，数量最多，占77.8%，其中古体诗（五言）两首，占28.6%，近体诗（七绝3首、五绝两首）5首，占71.4%；韵文两篇，占22.2%。语文园地七里的4句话主要是语录体、散文、随笔等。

二、统编本小学二年级语文古诗文选篇统计、分析

统编本小学语文二年级上册共设置3个单元，包括两个课文单元

(24课)、1个识字单元（4课）。另外还有4个"口语交际"、8个"语文园地"栏目。统编本小学语文二年级上册的古诗文主要分布在课文单元，识字单元有3句话。具体见表3。

表3 统编本小学语文二年级上册古诗文选篇统计

所在单元	选篇名称	出处或作者	朝代	题材	体裁
课文	《梅花》（语文园地一·日积月累）	王安石	北宋	咏物	近体诗（五绝）
识字	己所不欲，勿施于人。//与朋友交，言而有信。//不以规矩，不能成方圆。（语文园地二·日积月累）	《论语》《论语》《孟子》	先秦、先秦、先秦	做人之道	散文
课文	《小儿垂钓》（语文园地三·日积月累）	胡令能	唐代	童趣	近体诗（七绝）
课文	《古诗二首》（登鹳雀楼、望庐山瀑布）	王之涣、李白	唐代、唐代	登高望远、写景	近体诗（五绝）、近体诗（七绝）
课文	有山皆有图，无水不文章。//一畦春韭绿，十里稻花香。//星垂平野阔，月涌大江流。//春江潮水连海平，海上明月共潮生。（语文园地四·日积月累）	梁章钜《楹联丛话》、曹雪芹《菱荇鹅儿水》、杜甫《旅夜书怀》、张若虚《春江花月夜》	清代、清代、唐代、唐代	山水、写景、写景、人生哲理与生活情趣	韵文、近体诗（五律）、近体诗（五律）、古体诗（七言）
课文	《江雪》（语文园地五·日积月累）	柳宗元	唐代	山水	近体诗（五绝）
课文	有志者事竟成。//志当存高远。//有志不在年高。（语文园地六·日积月累）	范晔《后汉书》、诸葛亮《诫外生书》、石成金《传家宝》	南朝宋、三国魏、清代	立志	散文
课文	《古诗二首》（《夜宿山寺》《敕勒歌》）	李白、《乐府诗集》	唐代、北朝	山水、北国草原风光	近体诗（五绝）、民歌

统编本小学语文二年级上册共选入 7 首诗、10 句古诗文。分析如下。

从出处或作者看：统编本小学二年级上册古诗文选篇主要选了李白、柳宗元、王之涣、胡令能、王安石的作品，还有《乐府诗集》中的《敕勒歌》。另外，语文园地中还涉及了《论语》《孟子》《后汉书》《诫外生书》《旅夜书怀》《春江花月夜》《传家宝》《楹联丛话》《菱荇鹅儿水》等中的选句。

从朝代分布看：统编本小学二年级语文上册古诗文选篇涉及了北朝、唐代、宋代三个朝代的作品。其中唐代 5 篇，数量最多，占古诗文选篇的 71.4%；北朝和宋代各 1 篇，各占 14.3%。另外语文园地二、四、六共选有 10 句古诗文，涉及先秦、三国魏、南朝、唐代、清代等朝代。

从题材内容看：统编本小学二年级上册古诗文选篇共有 4 种主题。其中山水风景 4 首，占总数的 57.1%；咏物、童趣、登高望远各 1 首，各占 14.3%。语文园地中的 10 句古诗文主要是做人之道、山水风景、人生哲理、生活情趣、立志主题。

从体裁看：统编本小学二年级上册古诗文选篇有诗、民歌。以诗为主，民歌为辅。诗 6 首，数量最多，占 85.7%，都是近体诗，其中五绝 4 首、七绝 2 首，民歌 1 首。语文园地中的 10 句古诗文主要是散文、韵文、诗等。

统编本小学语文二年级下册共设置 3 个单元，包括两个课文单元（25 课）、1 个识字单元（4 课）。另外，还有 4 个"口语交际"、8 个"语文园地"栏目。统编本小学语文二年级下册的古诗文主要分布在课文单元，另外还选有 3 句文言文。具体见表 4。

表 4　统编本小学语文二年级下册古诗文选篇统计

所在单元	选篇名称	出处或作者	朝代	题材	体裁
课文	《古诗二首》（《村居》《咏柳》）	高鼎、贺知章	清代、唐代	田园、咏物	近体诗（七绝）、近体诗（七绝）
	《赋得古草原送别》（节选）（语文园地一·日积月累）	白居易	唐代	送别	近体诗（五律）
	轻诺必寡信。//失信不立。//小信成则大信立。（语文园地四·日积月累）	《老子》《左传》《韩非子》	先秦、先秦、先秦	做人	散文
	冠必正，纽必结，袜与履，俱紧切。//置冠服，有定位，勿乱顿，致污秽。//唯德学，唯才艺，不如人，当自砺。//若衣服，若饮食，不如人，勿生戚。（语文园地五·日积月累）	《弟子规》	清代	启蒙读物	三言韵文
	《古诗二首》（《晓出净慈寺送林子方》《绝句其三》）	杨万里、杜甫	南宋、唐代	山水、写景抒情	近体诗（七绝）、近体诗（七绝）
	《悯农》（其一）（语文园地六·日积月累）	李绅	唐代	农事	古体诗（五言）
	《舟夜书所见》（语文园地八·日积月累）	查慎行	清代	夜景	近体诗（五绝）

统编本小学语文二年级下册共选入 7 首诗、7 句古文。分析如下。

从出处或作者看：统编本小学二年级下册古诗文选篇主要选了杜

甫、白居易、贺知章、李绅、杨万里、查慎行、高鼎的作品。语文园地中还涉及《老子》《韩非子》《左传》《弟子规》等中的选句。

从朝代分布看：统编本小学二年级语文上、下册古诗文选篇涉及唐代、宋代、清代三个朝代的作品。其中唐代4篇，数量最多，占古诗文选篇的57.1%；清代两篇，占28.6%；宋代1篇，占14.3%。另外语文园地四、五选有7句古文，涉及先秦、清代。

从题材内容看：统编本小学二年级下册古诗文选篇共有4种主题。其中山水田园风景4篇（首），占总数的57.1%；咏物、送别、农事各1篇（首），各占14.3%。语文园地四、五中的7句古文主要是做人之道和启蒙主题。

从体裁看：统编本小学二年级下册古诗文选篇主要以诗为主，有近体诗6首，占85.7%，其中七绝4首，五绝和五律各1首，五言古体诗1首。语文园地四、五中的7句话主要是散文和韵文。

三、统编本小学低年级语文对所选古诗文选篇的学习要求

由于小学低年级学生刚刚从幼儿园升上来，所以对所选古诗文的学习要求不高，主要是朗读和背诵。根据统计，一年级和二年级要求共背诵16篇（首）诗文（这里的"文"特指韵文），其中一年级和二年级各8篇（首）。具体见表5、表6。

表5　统编本小学语文一年级上、下册古诗词学习要求统计

所在年级、册数	所在单元	朗读课文	背诵课文
一上	识字	《对韵歌》	《对韵歌》
	课文	《江南》	《江南》
	识字	《画》	《画》

续表5

所在年级、册数	所在单元	朗读课文	背诵课文
一下	课文	《静夜思》	《静夜思》
	识字	《古对今》	《古对今》
		《人之初》	《人之初》
	课文	《古诗二首》(《池上》《小池》)	《古诗二首》(《池上》《小池》)

表6 统编本小学语文二年级上、下册古诗文学习要求统计

所在年级、册数	所在单元	朗读课文	背诵课文
二上	课文	《古诗二首》(《登鹳雀楼》《望庐山瀑布》)	《古诗二首》(《登鹳雀楼》《望庐山瀑布》)
		《古诗二首》(《夜宿山寺》《敕勒歌》)	《古诗二首》(《夜宿山寺》《敕勒歌》)
二下	课文	《古诗二首》(《村居》《咏柳》)	《古诗二首》(《村居》《咏柳》)
		《古诗二首》[《晓出净慈寺送林子方》《绝句》(其三)]	《古诗二首》[《晓出净慈寺送林子方》《绝句》(其三)]

结　语

从上文的统计分析可知，小学低年级共选入27首诗、3篇韵文、21句古诗文选句。每个年级平均15首（篇），每个学期平均7.5首（篇）。要求背诵16首古诗文，每个学期平均背诵4首。从出处和作者看，选文多是唐代和宋代有代表性、成就大、影响远的诗人的作品，如李白、杜甫、白居易、王维、孟浩然、王之涣、柳宗元、贺知章、李绅、贾岛、王安石、杨万里、范成大等。另外，还有启蒙读物《三字经》《声律启蒙》《弟子规》等韵文节选，诸子散文、历史散文等的名人名言、做人之道、学习之道等内容。从朝代分布看，主要以唐代为主。唐代19首，占63.3%；宋代和清代都是4首（篇），各占13.3%；汉代、北朝、明代各1首，各占3.3%。从题材看，涉及的主题主要有山水、田园、风景、咏物、赠别、思乡、劳动、农事、童趣、题画、立

志、学习、做人等。从体裁看，主要以诗为主，占所选古诗文的90%。总之，古诗文选篇丰富多样，精彩纷呈，比较适合小学低年级学生的学习特点和认知规律。

小学低年级的语文教育是小学生学习生涯的基础，在这个阶段要养成多读、善读、读好、读深的习惯，为以后形成正确的世界观、人生观、价值观打下基础。

参考文献

［1］段宗平. 统编本小学语文教材的六点创新［J］. 语文建设，2018（7）.

［2］顾之川. 古诗词与中小学语文教育［J］. 中国民族教育，2017（4）.

［3］顾之川. 语文教材的价值追求与语文品格［J］. 名作欣赏，2019（16）.

［4］王本华. 从八大关键词看"部编本"语文教材的编写理念［J］. 课程教学研究，2017（5）.

［5］王本华. 守正创新，构建"三位一体"的语文教科书编写体系——部编义务教育语文教科书的主要特色［J］. 语文教学通讯，2016（26）.

［6］温儒敏. 如何用好"统编本"小学语文教材［J］. 课程·教材·教法，2018（2）.

［7］温儒敏. 小学语文中的"诗教"［J］. 课程·教材·教法，2019（6）.

［8］温儒敏. 用好统编本教材，切实提高教学质量——使用统编本小学语文教材的六条建议［J］. 语文建设，2019（16）.

附 录

说"龙马"

张春秀　孔杰斌

摘　要：本文对龙、马、龙马的起源和发展进行了梳理，指出"龙马"一般指高大的马、良马或骏马。

关键词：龙；马；龙马

龙，出土文献甲骨文中有很多写法，象龙形。传世文献如《周易》《庄子》《史记》《论衡》《广雅》《尔雅翼》《本草纲目》等中都有关于龙的记载。《说文·龙部》："龙，鳞虫之长。能幽能明，能细能巨，能短能长；春分而登天，秋分而潜渊。从肉，飞之形，童省声。"从有关记述来看，龙是神话传说中一种具有神性、人性、兽性的动物，是虚拟的、综合的"熟悉的陌生"物，古代以之为帝王的象征和祥瑞的征兆。1994年6—10月，在辽宁阜新查海遗址发掘了年代最早、形体最大的堆塑龙，距今8000年左右，可见最早的龙也许在这之前就已经存在了。龙是一种精神、一种标志，代表着融合、昂扬、向上、雄猛、气势，从无到有，开放的心态，开放的胸襟。龙是沟通天、地、人的中介，能上天入地，主水。人们对龙的认识经历了几个阶段：自然图腾崇拜观→祖先崇拜观→真龙天子观→祥瑞龙凤观。龙的传说说不尽道不完，太多的

---

①　基金项目：本文为玉林师范学院高层次人才博士科研启动基金课题"敦煌变文名物研究"阶段性成果之一（项目编号：G20140015），汉语国际教育专业"对外汉语教学法"微课程阶段性成果之一（项目编号：2015wk02）。本文发表于《玉林师范学院学报（哲学社会科学版）》2015年第6期，收入本书有删改。

②　孙杰斌，玉林师范学院文学与传媒学院副教授，文学博士，研究方向为元明清戏曲。

"原龙",太多的话题,太多的想象。

现代马是生活在 5000 万年前的始祖马经历了漫长的时间进化而来的:始祖马→渐新马→中新马→上新马→现代马。出土文献甲骨文中有很多马的写法,象马形。《尔雅·释兽》提出的六畜"马牛羊猪狗鸡",马排在第一位,可见马在人们生活中的重要地位。《说文·马部》:"马,怒也;武也。象马头髦尾四足之形。"考古学家大都认为马、牛、羊都是龙山文化(公元前 3000—前 2300 年)时期的家畜。

山东章丘龙山镇城子崖的考古发现证明 4000 多年前的先民已经开始有意识地养马,所以养马的历史可推至新石器时代晚期。

龙马,古书中对马的称呼往往含龙,如龙(先秦),龙骥、龙子、飞龙、龙文(秦汉),龙马、龙种、龙驹、龙媒(南北朝),龙孙(唐代),八尺龙(宋代)等皆指良马或骏马。古人对龙马的理解大致有三种:龙马是身高八尺或八尺以上的马;龙形象马为龙马;传说中的神马,为祥瑞之物,居于黄河,王者有仁德则现。下面分述之。

把马和龙联系起来,最早出现在《周礼》中。《周礼·夏官司马·廋人》:"马八尺以上为龙,七尺以上为䮫,六尺以上为马。""八尺""七尺""六尺"皆指马的身高,分别相当于现在的 1.85 米、1.62 米、1.39 米。

传说《周易》的产生与龙马有着特殊的关系,"龙与马在编撰者眼中是同类事象"。象征天与地的《乾》《坤》两卦分别以龙马取象,二者都是生命与力量的象征,此后良马或骏马都可以称为龙马。《论衡·知实篇》载客见淳于髡于梁惠王而不言,"梁惠王大骇曰:'嗟呼!淳于生诚圣人也。前淳于生之来,人有献龙马者,寡人未及视,会生至。后来,人有献讴者,未及试,亦会生至。寡人虽屏左右,私心在彼。'"《北史·魏本纪》载"是岁,龟兹国献名驼龙马珍宝甚众";又"弥俄突闻其离骇,追击大破之,杀伏图于蒲类海北,割其发,送于孟威。又遣使献龙马五匹,金、银、貂皮及诸方物"。南朝齐谢朓《送远曲》有"方衢控龙马,平路驰朱轮",梁简文帝《洛阳道》有"金鞍照龙马,罗袂拂春桑"。《宣室志·玄宗龙马》记载海岱之间出玄黄石,唐明皇听说茹之可以长生,所以尝命临淄守每岁采而贡焉。于是开元二十七年秋,江夏李邕入山采玄黄石,神翁告之曰:"圣主当获龙马以彰清世雍熙之瑞，则享国无疆，无劳采常药耳。"并言龙马"当产齐鲁之郊。若获之，即是太平之符。虽麟凤龟龙，不足以并其瑞"。后乾贞求龙马于齐鲁之间，曰："其色骓毛，两胁有鳞甲，鬃尾若龙之鬐鬣，嘶鸣真虞笛之音，日驰三百里。"乾贞讯其所自，会恩曰："吾独有牝马，常浴于淄水，遂有胎而产。因以龙子呼之。"献之。上大悦，诏内闲厩，异其刍秣。命画工图其状，用颁示中外。另外，李白《白马篇》有"龙马花雪毛，金鞍五陵豪"；张籍《离妇》有"夫婿乘龙马，出入有光仪"；李郢《上裴晋公》有"四朝忧国鬓如丝，龙马精神海鹤姿"。《敦煌变文》中有"忽见槽上所有百千匹龙马……"；"南槽龙马子孙乘，北牖香车妻妾用"；《寿少傅杨邃翁》有"龙马精神知健在，驾风还拟踏瀛壶"。古代与"龙马"有关的记述举不胜举。

《礼记·礼运》："河出马图。"郑玄注："马图，龙马负图而出也。"孔颖达疏，案《中候握河纪》："尧时受河图，龙衔，赤文绿色。"注云："龙而形象马。"故云"马图"，是龙马负图而出。又云伏羲氏有天下，龙马负图出于河，遂法之画八卦。

《宋书·符瑞志》："龙马者，仁马也，河水之精。高八尺五寸，长颈有翼，傍有垂毛，鸣声九哀。"

家畜中，马是唯一既能驮驾又能快速奔跑的，而且具有很高的灵巧性，所以马在人类生活和生产中具有极其重要的作用，尤其是在古代战争中，马更是取得胜利的一个重要因素。

马与政治：《逸礼·王度记》驾御制度载"天子驾六马，诸侯驾四，大夫三，士二，庶人一"。古代赐群臣车马，一是"能安民者赐车马"，二是有德者赐车马（《韩诗外传》曰："诸侯之有德，天子赐之，一赐车马，再赐衣服……"），三是以其"进退有节，行步有度，赐以车马，以代其步"。

马与皇帝：西周穆王姬满有"八骏"巡天下，秦始皇嬴政有气势恢宏的兵马俑，汉文帝刘恒有"九逸"，汉武帝刘彻为乌孙"天马"和大宛"汗血马"写了《天马歌》《西极天马歌》，"为伐胡，故盛养马"，蜀汉昭烈帝刘备有"的卢"雪中送炭，唐太宗李世民用"六骏"打天下，唐玄宗"好大马，御厩至四十万"（骏马、舞马等），明孝陵的"石马"神道，等等，可见马的重要性。

马与战争：在长达数千年的历史中，马一直是军队取得胜利的关键，尤其是冷兵器时代。如战国赵武灵王赵雍采取"胡服骑射"之策取得胜利，秦人铁骑东征西战取得统一，西汉武帝"养马以伐胡"，唐玄宗时将军王忠嗣高价购马弱敌强军最终胜利，元朝是蒙古族铁骑横扫欧亚大陆的战绩，清代的建立也是凭着满族剽悍骁勇的铁骑。

马在不同的时期有不同的用途，经历了肉乳利用、农用、牧用以及军用为主的历史阶段以后，在工业科技发达的今天，马的用途转入以体育娱乐、休闲文化为主。总之，"在我国的文化、艺术中，马占据了很重要的地位。如果将有关马的内容从我国的文化史中抽出，那留下的文化典籍和艺术作品将会残缺不全甚至惨不忍睹。

参考文献

［1］许慎. 说文解字（附检字）［M］. 北京：中华书局（影印本），1963.

［2］杜振明等. 辽宁发现龙形堆石［N］. 新华社每日电讯，1994－10－13.

［3］辛岩. 查海遗址发掘再获重大成果［N］. 中国文物报，1995－03－19.

［4］于振玮等. 龙纹图像的考古学依据［J］. 北方文物，1995（4）.

［5］汪田明. 中国龙的图像研究［D］. 北京：中国艺术研究院博士学位论文，2008.

［6］段春阳. 关于马的进化顺序问题［J］. 生物学通讯，1989（4）.

［7］中国社会科学院考古研究所. 新中国的考古发现和研究［M］. 北京：文物出版社，1984.

［8］李岩松. "马"文化熟语论析［J］. 语文学刊（高教版），2005（7）.

［9］华夫. 中国古代名物大典（下）［Z］. 济南：济南出版社，1993.

［10］郑玄注；贾公彦达疏；彭林整理. 周礼注疏（中册）［M］.

上海：上海古籍出版社，2010.

[11] 冯桂芹. 华夏文化中"龙"原型为"马"之考辨 [J]. 当代教育理论与实践，2010 (5).

[12] 王充著，陈蒲清点校. 论衡 [M]. 长沙：岳麓书社，1991.

[13] 李延寿. 北史 [M]. 北京：中华书局，1974.

[14] 逯钦立. 先秦汉魏晋南北朝诗（全三册）[M]. 北京：中华书局，1983.

[15] 郭茂倩编. 乐府诗集 [M]. 北京：中华书局，1979.

[16] 张读撰；张永钦，侯志明点校. 宣室志 [M]. 北京：中华书局，1983.

[17] 林德保等. 详注全唐诗 [M]. 大连：大连出版社，1997.

[18] 黄征，张涌泉. 敦煌变文校注 [M]. 北京：中华书局，1997.

[19] 林俊. 见素集 [M]. 文渊阁影印四库全书（1257册）[Z]. 上海：上海古籍出版社，1987.

[20] 郑玄注，孔颖达疏，吕友仁整理. 礼记正义（中册）[M]. 上海：上海古籍出版社，2008.

[21] 沈约. 宋书 [M]. 北京：中华书局，1974.

[22] 范晔撰，李贤等注. 后汉书 [M]. 北京：中华书局，1965.

[23] 张岱年. 儒家经典 [C]. 北京：团结出版社，1997.

[24] 公羊寿传，何休解诂，徐彦疏. 春秋公羊传注疏 [M]. 北京：北京大学出版社，1999.

[25] 王大霖，王言彬. 中国马文化细探 [N]. 中国审计报，2002—02—01 (5).

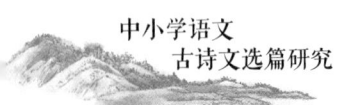

释"范"[1]

张春秀

摘 要：本文梳理了范、範、笵三个字的意义，指出了现在的简化字"范"承担的意义其实是三个不同字的含义。

关键词：范；範；笵

《说文·艸部》："范，艸也。从艸氾声。"《玉篇·艸部》："范，音犯。草名。又姓。"《广韵·上声》："姓也。出南阳、济阳二望。本自陶唐氏之后，隋（随）会为晋大夫，食采于范，其后氏焉。"范，艸也，草名，但具体是什么草，没有传世文献佐证。春秋战国时期，范为地名（后以邑为姓），是晋、齐之间的交通要道，传世文献和出土文献皆有记载。如《孟子·尽心上》："孟子自范之齐，望见齐王之子，喟然叹曰。"[2] 赵岐注："范，齐邑，王庶子所封食也。"晋侯苏钟铭文记录了周王和晋侯苏伐宿夷的经过，其中有比较详细的行军线路，铭文如下："唯王卅又三年，王亲遹省东国、南国。正月既生霸，戊午，王步自宗周。二月既望，癸卯，王入格成周。二月既死霸，壬寅，王償往东。三月方死霸，王至于范，分行。王亲令晋侯苏：率乃师左洀濩，北洀□，伐宿夷。……王至于郓城。……"[3]

现在的"范"字其实是"範""笵""范"三个没有意义联系的字合并简化而来的。《礼记·少仪》："其在车，则左执辔，右受爵，祭左右

---

[1] 本文发表于《兰台世界》2016年第3期，收入本书有删改。
[2] 赵岐注；孙奭疏. 孟子注疏 [M]. 北京：北京大学出版社，1999：371.
[3] 马承源. 上海博物馆藏战国楚竹书（五）[M]. 上海：上海古籍出版社，2005：189.

轨、范，乃饮。"① 郑玄注："軓与范声同，谓轼前也。"《周礼·夏官·大驭》："及祭，酌仆，仆左执辔，右祭两轵，祭軓，乃饮。"② 郑玄注："軓为範。"《礼记·礼运》："范金，合土。"郑玄注："范金，铸作器用。"③ 孔颖达疏："'范金'者，谓为形范以铸金器。'合土'者，谓和合其土，烧之以作器物。"《左传·襄公二十四年》："在周为唐杜氏。"④ 杜预注："杜伯之子隰叔奔晋，四世及士会，食邑于范，复为范氏。"《汉语大词典》"范"和"範"条下均可以作为姓，"笵"通"範"。

範，古代出行时祭祀路神的一种仪式，希望路途平安、通畅、无险阻。《说文·车部》："範，範軷也。从车笵省声。读与犯同，音犯。"《说文·车部》："軷，出将有事于道，必先告其神，立坛四通，树茅以依神为軷。既祭軷，轹于牲而行为範軷。"毛亨传："羝，牡羊也。軷，道祭也。传火曰燔，贯之加于火曰烈。"《诗经·邶风·泉水》："出宿于沛，饮饯于祢。女子有行，远父母兄弟。"⑤ 毛亨传："祖而舍軷，饮酒于其侧曰饯，重始有事于道也。"陆德明释文："軷，蒲末反，道祭也。"孔颖达疏："軷祭，则天子诸侯卿大夫皆于国外为之。"《诗经·大雅·生民》："载谋载惟，取萧祭脂。取羝以軷，载燔载烈。"⑥

範軷，亦作範祓，犯軷。《仪礼·聘礼》："出祖，释軷，祭酒脯，乃饮酒于其侧。"⑦ 郑玄注："祖，始也。既受聘享之礼，行出国门，止陈车骑，释酒脯之奠于軷，为行始也。《诗传》曰：'軷，道祭也。'谓

---

① 郑玄注；孔颖达疏. 礼记正义（中册） [M]. 北京：北京大学出版社，1999：1041—1042.
② 郑玄注；贾公彦疏. 周礼注疏（下）[M]. 北京：北京大学出版社，1999：854.
③ 郑玄注；孔颖达疏. 礼记正义（中册） [M]. 北京：北京大学出版社，1999：669—670.
④ 左丘明传；杜预注；孔颖达疏. 春秋左传正义（中）[M]. 北京：北京大学出版社，1999：1002.
⑤ 毛亨传；郑玄笺；孔颖达疏. 毛诗正义（上） [M]. 北京：北京大学出版社，1999：165—167.
⑥ 毛亨传；郑玄笺；孔颖达疏. 毛诗正义（下） [M]. 北京：北京大学出版社，1999：1073.
⑦ 郑玄注；贾公彦疏. 仪礼注疏（上）[M]. 北京：北京大学出版社，1999：452.

祭道路之神。《春秋传》曰：'軷涉山川。'然则軷，山行之名也。道路以险阻为难，是以委土为山，或伏牲其上，使者为軷祭，酒脯祈告也。卿大夫处者，于是饯之，饮酒于其侧。礼毕，乘车轹之而遂行，舍于近郊。其牲，犬羊可也。古文軷作袚。"贾公彦疏："凡道路之神有二：在国内释币于行者，谓平适道路之神；出国门释奠于軷者，谓山行道路之神；是以委土为山象，国中不得軷名，国外即得軷称。"《诗经·大雅·烝民》："仲山甫出祖，四牡业业。"①郑玄笺："祖者，将行犯軷之祭也。"陆德明释文："軷，步葛反，道祭也。"《周礼·夏官·大驭》："掌驭玉路以祀。及犯軷，王自左驭，驭下祝，登，受辔，犯軷，遂驱之。"②郑玄注："行山曰軷。犯之者，封土为山象，以菩刍棘柏为神主，既祭之，以车轹之而去，喻无险难也。"贾公彦疏："言'行山曰軷'者，谓水行曰涉，山行曰軷。云'封土为山象'者，郑注《月令》'祀行之礼，为軷坛，厚三寸，广五尺。'此道祭亦宜然。"阮元校："按许君所见《周礼》作'範'，盖故书也。'範'为正字，'犯'为假借字，与今义迥异。"

《说文·竹部》："笵，法也。"这是它的引申义。笵的本义为竹制的模型，引申为模范、规范、标准、法则、法度等。段玉裁注："《通俗文》曰：'规模曰笵。'玄应曰：'以土曰型，以金曰镕，以木曰模，以竹曰笵。'一物材别也。"现在流行的"笵儿"就是从"笵"这个字的意思引申而来的。

汉代以后，"範""笵""范"三个字开始混用。《玉篇·竹部》："笵，音氾，楷式也，与範同。"《集韵·上声》释"笵，通作範"；"範，《说文》：'範，较也。'一曰模也。"《汉隶字源》卷四："笵通作範。"又如杨著碑"丧兹师范"，刘衡碑"师训之范"，司空残碑"纳我镕范"。该用"笵"字的地方用了"范"字。如《荀子·强国》："刑范正，金锡美，工冶巧，火齐得，剖刑而莫邪已。"杨倞注："范，法也。刑范，铸

---

① 毛亨传；郑玄笺；孔颖达疏. 毛诗正义（下）[M]. 北京：北京大学出版社，1999：1223.

② 郑玄注；贾公彦疏. 周礼注疏（下）[M]. 北京：北京大学出版社，1999：853.

剑规模之器也。"① 《太玄经》卷四："鸿文无范。"范望注："范，法也。"② 《太玄本旨》卷四："鸿文无范。"明代叶子奇注："范範同。范，法度也。"③ 《中国古代名物大典》"范"与"笵"下分别注为"范，亦作'笵'"和"笵，同'范'"。④ 该用"笵"字的地方而用了"範"字。如汉代王充《论衡·物势篇》："今夫陶冶者，初埏埴作器，必模範为形，故作之也。"⑤ 南朝梁刘勰《文心雕龙·定势》："镕範所拟，各有司匠。"⑥ 《尔雅·释诂》："典、彝、法、则、刑、範、矩、庸、恒、律、戛、职、秩，常也。"又："柯、宪、刑、範、辟、律、矩、则，法也。"⑦ 邢昺疏："範者，模法之常也。"清代郑诗《古今正俗字诂》："笵，法也。从竹氾声。竹简书也。古法有竹刑。《通俗文》曰：'规模曰笵。'範围字当从此作笵围。又车部範下曰：範，範軷也。从车笵省声。範入车部，是重在车义也。模范及范围字何与焉。"

1955年发布的《第一批异体字整理表》把"笵"字作为"範"的异体字，1956年发布的《第二批异体字整理表（初稿）》把"笵"作为"范"的异体字，1956年发布的《汉字简化方案》第一表把"範"字简化为"范"，从此以后，"範""笵""范"这三个本来意义不相关的字合三为一。但作为语言的传播者和研究者应该对此有系统的认识，避免在研读古典文献时犯下不必要的错误。

参考文献

［1］庞祯军，姚天昉. 基于对照表以及语义相关性之简繁汉字转换［J］. 计算机工程与应用，2015（4）.

［2］彭峥，程相晋. 说"範"、"笵"和"范"［J］. 重庆工学院学报（社会科学），2008（11）.

---

① 影印文渊阁四库全书电子版.
② 影印文渊阁四库全书电子版.
③ 影印文渊阁四库全书电子版.
④ 华夫. 中国古代名物大典（上）［Z］. 济南：济南出版社，1993：1216.
⑤ 影印文渊阁四库全书电子版.
⑥ 影印文渊阁四库全书电子版.
⑦ 郭璞注；邢昺疏. 尔雅注疏［M］. 北京：北京大学出版社，1999：15.

[3] 姚炳祺. 说"範"及其简化形体"范"[J]. 海南师院学报, 1999 (4).

　　[4] 袁莹. 释上博简《鲍叔牙与隰朋之谏》中的地名"范"[J]. 中国国家博物馆馆刊, 2014 (9).

释"腊"与"蜡"

张春秀

摘　要：本文梳理了蜡、腊两个字的意义，指出现在的简化字"腊"承担了三个不同字的含义，而"蜡"承担了四个不同字的含义。

关键词：腊；臘；蜡（胆，蛆）；禧；蠟

1955年发布的《第一批异体字整理表》把"臈"作为"腊"的异体字，1964年版和1986年版的《简化字总表》第一表均把"臘"简化为"腊"，"蠟"简化为"蜡"。王力主编的《古代汉语》第二册后的"说明"指出了腊和臘、蜡和蠟的区别。其实，简化字"腊"承担了三个不同字的含义，而"蜡"承担了四个不同字的含义。下面分述之。

腊，思积切，心母，昔韵，入声，音 xī，干肉。《说文·日部》："昔，干肉也。从残肉，日以晞之，与俎同意，思积切。籀文从肉。"《玉篇·肉部》："腊，干肉也。"《周礼·天官》："腊人掌干肉，凡田兽之脯腊膴胖之事。凡祭祀，豆脯，荐脯、膴、胖，凡腊物。"郑玄注："腊，小物全干。"《周易·噬嗑》："噬腊肉，遇毒，小吝无咎。"孔颖达正义："'噬腊肉'者，'腊'是坚刚之肉。"

腊，力阖切，一音猎，鲁颊切，音 liè，臘的简体字。义为剑的两刃或剑身与剑柄的交接处。《周礼·冬官》："桃氏为剑，腊广二寸有半寸。"郑玄注："腊谓两刃。"陆德明音义："腊，力阖切，一音猎，鲁颊反。"贾公彦疏："言'两刃者'，两面皆有刃也。"《古剑镡腊图考》："特其腊以上之剑身折去耳。必如此，则腊之所以名腊，猎猎然如长鬣

---

① 本文发表于《科教文汇》（中旬刊）2017年第4期，收入本书有删改。

者乃可见也。"

腊，虑盍切，来母，盍韵，入声，音 là，臘的简体字，俗作"臈"。祭名，祭先祖为腊。《说文·肉部》："腊，冬至后三戌，腊祭百神。从肉巤声，虑盍切。"《玉篇·月部》："腊，蜡也。臈，同上，俗。"蜡、腊，统言之，都为祭祀；细言之，祭百神为蜡、祭先祖为腊。《礼记·月令》："腊先祖五祀。"郑玄注："腊，谓以田猎所得禽祭也。"陆德明释文："腊，力合反。"孔颖达正义："此等之祭，总谓之蜡。若细别言之，天宗、公社、门闾谓之蜡，其祭则皮弁素服，葛带榛杖。其腊先祖五祀，谓之息民之祭，其衣则黄衣黄冠。"孔颖达正义："先蜡，后息民，是息民为腊，与蜡异也。"《后汉书·礼仪志》："季冬之月，星回岁终，阴阳以交，劳农大享腊。"刘昭注引秦静曰："古礼，出行有祖祭，岁终有蜡腊，无正月必祖之祀。汉氏以午祖，以戌腊。午南方，故以祖。冬者，岁之终，物毕成，故以戌腊。而小数之学者，因为之说，非典文也。"看来腊祭、蜡祭已经不再区分了。不过宋代罗璧撰《识遗》卷六"蜡腊异祭"条认为蜡、腊二祭宋初犹分，其后同用，并引隋代杜台卿《玉烛宝典》说出了二者的区别："腊，祭先祖；蜡，报百神。蜡与腊异。蜡，飨农以终岁，勤动而息之也。腊者，猎也，猎取禽兽以祭先祖……二者寓意不同，所以腊于庙，蜡于郊。"

那么，腊肉中的"腊"是读 xī 还是读 là 呢？读 xī 指的是未腌制的干肉，读 là 指的是一般在冬天腌制后经过风干或熏干的肉。陈元靓《岁时广记·寒食上·煮腊肉》引《岁时杂记》曰："去岁腊月糟豚肉挂灶上，至寒食取以啖之，或蒸或煮，其味甚珍。"谢觉哉《关于相猪》："冬天腌上十多只猪做很考究的腊肉，很好吃；我在那里教一年书，吃腊肉的日子很多。"不过现在不管是腌制与否普遍读 là。

蜡，七虑切，清母，御韵，去声，音 qù，蜡与蛆音义皆通，蛆俗作蛆，蝇类的幼虫。《说文·虫部》："蜡，蝇胆也。"《说文·肉部》："胆，蝇乳肉中也。从肉且声，七余切。"《玉篇·肉部》："胆，俗作蛆。"《字汇·虫部》："蜡，又七虑切，音娶，虫名。"《说文·虫部》段玉裁注"蛆"曰："蝇生子为蛆。蛆者，俗字；胆者，正字；蜡者，古字。"《周礼·秋官》："蜡氏掌除骴"。陆德明释文："蜡，清预反。"《说文·肉部》段玉裁注"胆"曰："肉部曰胆，蝇乳肉中也。蜡胆音义皆通。"并引郑注曰："骨肉腐臭，蝇虫所蠘也，读若狙。"

蜡，祭名，锄驾切，崇母，祃韵，去声，音 zhà，祭百神为蜡。从神农氏开始有这样的祭祀，天子有八蜡。《周礼·春官》："国祭蜡，则龡《豳》颂，击土鼓，以息老物。"郑玄注："蜡之祭也，主先啬而祭司啬也。……既蜡而收，民息已。"《礼记·郊特牲》："天子大蜡八，伊耆氏始蜡。蜡也者，索也，岁十二月，合聚万物而索飨之也。""八蜡以记四方。四方年不顺成，八蜡不通，以谨民财也。"郑玄注："所祭有八神也。""蜡有八者，先啬一也，司啬二也，农三也，邮表畷四也，猫虎五也，坊六也，水庸七也，昆虫八也。"《礼记·杂记》："子贡观于蜡。……子曰：'百日之蜡，一日之泽，非尔所知也。'"郑玄注："蜡之祭，主先啬也。大饮烝劳农以休息之，言民皆勤稼穑，有百日之劳，喻久也，今一日使之饮酒燕乐，是君之恩泽，非女所知，言其义大。"蜡祭有时和腊祭混淆。"蜡"字亦作"禡"，蜡与禡为假借字。《玉篇·虫部》："蜡，又禡，同祭名"；又《示部》曰："禡，仕驾切，报祭也，古之腊曰禡。亦作蜡。"《广韵·去声·祃韵》："蜡，又音乍。"又"禡，年终祭名，或作蜡。"《礼记·礼运》："昔者仲尼与于蜡宾，事毕，出游于观之上，喟然而叹。"陆德明《经典释文》："蜡，仕嫁反，祭名。夏曰'清祀'，殷曰'嘉平'，周曰'蜡'，秦曰'腊'，《字林》作禡。"

蜡，子亦切，音 jí，虫名。《玉篇·虫部》："蜡，虫名。"《字汇·虫部》："蜡，本虫名。"《字汇补·虫部》："又资昔切，音即，虫名。"《重订直音篇·虫部》："蜡，又音积。"但具体是哪类虫，目前还没有找到传世文献来佐证。

蜡，虑盍切，来母，盍韵，入声，音 là，蠟的简体字，俗作螐。动、植物或矿物所分泌的油质，易熔化，具有可塑性，可防水或制作蜡烛。《玉篇·虫部》："蜡，蜜滓。"《广韵·入声·盍韵》："蠟，蜜蜡。螐，俗"。《正字通·虫部》："螐，俗蜡字。"《潜夫论·遏利》："知脂蜡之明镫也，而不知其甚多则冥之；知利之可娱己也，不知其积而必有祸也。"《晋书·阮孚传》："孚性好屐……或有诣阮，正见自蜡屐。"《周顗传》写到有人"以所燃蜡烛投之"。《谢安传》写谢安死后，晋孝武帝司马曜"三日临于朝堂，赐东园秘器、朝服一具、衣一袭、钱百万、布千匹、蜡五百斤，赠太傅，谥曰文靖"。《世说新语·汰侈》写石崇奢靡"用蜡烛作炊"。

　　《现代汉语词典》释"蜡梅""也作腊梅"，"腊梅"同"蜡梅"；《中华大辞林》列有"蜡梅"和"腊梅"，但解释有所不同；《汉语大词典》同样列有"蜡梅"和"腊梅"，解释也有差异；《辞源》有"蜡梅"但无"腊梅"。其实，蜡梅并非梅类，而是蜡梅科蜡梅属，蜡梅的得名之由是其花香气似梅、颜色似"蜜蜡"、形态似"捻蜡而成"。黄庭坚《戏咏蜡梅二首》诗后自注曰："京洛间有一种花，香气似梅花，五出而不能晶明，类女功捻蜡所成。京洛人因谓蜡梅。木身与叶乃类蒴藋，窦高州家有灌丛，能香一园也。"《王立之诗话》云："蜡梅，山谷初见之，戏作二绝，缘此盛于京师。"范成大《梅谱》下列有十二种梅，最后一种为蜡梅，并把其分为三类，言："蜡梅。本非梅类，以其与梅同时，香又相近，色酷似蜜脾，故名蜡梅。凡三种……其品最下，俗谓之狗蝇梅。……名磬口梅，言似僧磬之口也；最先开，色深黄，如紫檀，花密香秾，名檀香梅，此品最佳。……蜡梅香极清芳，殆过梅香，初不以形状贵也，故难题咏，故山谷、简斋但作五言小诗而已。"王世懋《学圃杂疏·花疏》介绍蜡梅时指出："蜡梅是寒花绝品，人言腊时开，故以蜡名，非也，为色正似黄蜡耳。出自河南者曰磬口，香、色、形皆第一；松江名荷花者次之；本地狗缨下矣。得磬口，荷花可废，何况狗缨。"李时珍《本草纲目》将"蜡梅"释为"黄梅花"，并说："此物本非梅类，因其与梅同时，香又相近，色似蜜蜡，故得此名。"蜡梅花有淡黄色（也有开红花的）的，黄得发亮，发油，似蜜蜡，前冠一"蜡"字，十分传神。梅属于蔷薇科李属，花期为冬春季，所以也称腊梅。不过，由于蜡梅有冬季开花的（也有夏天开花的），所以有人把蜡梅写作腊梅，也就不足为怪了。现代研究成果显示，蜡梅的品种主要分为四类：素心蜡梅，又称荷花梅，花黄色，香味浓，比较名贵；磬口蜡梅，花外淡黄色，内有红紫色边缘或条纹；狗牙蜡梅，又称狗蝇梅、臭梅；小花蜡梅，花外淡黄色，内有浓红紫纹，比较少见。看来，蜡梅与腊梅确实存在许多差异，不但不同类，且得名的原因也不一样。

　　汉字的规范和简化一直没有停止过：殷商的甲骨文，周代的金文，春秋战国的大篆，秦代的"书同文"、小篆，汉代的隶书，魏晋的楷书，唐代的"字样"，新中国成立后的异体字整理、汉字简化等。从某种意义上来讲，汉字的规范和简化确实给我们带来了不少便利，但现代汉语的源头是古代汉语，所以我们在继承发展的同时也要回过头去看看，才会知道今天所使用的语言的来龙去脉，做到知其然，知其所以然。

参考文献

［1］王力主编，吉常宏等编. 古代汉语（校订重排本第 2 册）［M］. 北京：中华书局，1999.

［2］郑玄注；贾公彦疏；赵伯雄整理，王文锦审定. 周礼注疏（上、下）［M］. 北京：北京大学出版社，1999.

［3］王弼注；孔颖达疏；李申，卢光明整理；吕绍纲审定. 周易正义［M］. 北京：北京大学出版社，1999.

［4］阮元. 揅经室集（上册）［M］. 北京：中华书局，1993.

［5］郑玄注；孔颖达疏；龚抗云整理，王文锦审定. 礼记正义（中、下）［M］. 北京：北京大学出版社，1999.

［6］司马彪撰，刘昭注补. 后汉书志［M］. 北京：中华书局，1965.

［7］影印文渊阁四库全书电子版.

［8］裴国昌. 中国春联大典［M］. 南京：南京出版社，2000.

［9］谢觉哉. 谢觉哉杂文选［M］. 北京：人民文学出版社，1980.

［10］王符著，汪继培笺. 潜夫论［M］. 上海：上海古籍出版社，1978.

［11］房玄龄等. 晋书［M］. 北京：中华书局，1974.

［12］刘义庆撰，徐震堮著. 世说新语校笺［M］. 北京：中华书局，1984.

［13］中国社会科学院语言研究所词典编辑室. 现代汉语词典（第 6 版）［Z］. 北京：商务印书馆，2012.

［14］《中华大辞林》编委会编纂. 中华大辞林［Z］. 福州：福建人民出版社，2012.

［15］罗竹风. 汉语大词典［Z］. 上海：上海辞书出版社，2008.

［16］广东、广西、湖北、河南辞源修订组，商务印刷馆编辑部编.

辞源（修订本重排版，上下册）[Z]. 北京：商务印书馆，2010.

[17] 刘尚荣校点. 黄庭坚诗集注（第 1 册）[M]. 北京：中华书局，2003.

[18] 范成大等. 梅兰竹菊谱[M]. 北京：中华书局，2010.

[19] 本社编. 生活与博物丛书·花卉果木编. 上海：上海古籍出版社，1993.

[20] 李时珍. 本草纲目（第 3 册）[M]. 哈尔滨：黑龙江美术出版社，2009.

说"雄黄"

张春秀　李双双

摘　要：本文运用文献、图片、考古等方法对"雄黄"命名的来历、功能及应用进行了探讨和梳理，以期对雄黄有深刻的认识。

关键词：雄黄；主要功能；应用

雄黄属硫化物类矿物药，为单斜晶系，主要产于湖南、湖北、甘肃、四川、贵州、云南等地。"雄黄"一词始见于春秋战国时期的文献。《黄帝内经素问·脉要精微论篇》描绘五色之一的黄色时说："黄欲如罗裹雄黄，不欲如黄土。"《山海经》中记载了雄黄的许多产地，如卷二《西山经》中"又西百五十里高山，其上多银，其下多青碧、雄黄，其木多樱，其草多竹"；卷三《北山经》中谯明山"是山也，无草木，多青雄黄"；卷五《中山经》中葌山"其上多金、玉，其下多青雄黄"。关于雄黄的命名理据，《神农本草经》说："……生山之阳，故曰雄；是丹之雄，所以名雄黄也。"《太平御览》卷九八八"雄黄"条下引三国魏吴普《本草》曰："雄黄，生山之阳，故曰雄是丹之雄，所以名雄黄也。"李时珍引南朝齐梁陶弘景《名医别录》"雄黄"："生武都山谷、敦煌山之阳，采无时。"可见雄黄与山是分不开的，而且生长在山的阳处，禀

---

[1]　基金项目：本文为黔南民族师范学院语言学及应用语言教学团队项目2017年校级一流团队项目（项目编号：2017xjg0303）教改课题阶段性成果之一，黔南民族师范学院语言学及应用语言学提升计划项目校级重点学科阶段性成果之一（项目编号：QNSYXXK2018013），黔南民族师范学院基础教育课题"部编本古诗文群文阅读探究"阶段性成果之一。本文发表于《汉字文化》2019年第11期，收入本书有删改。

[2]　李双双，黔南民族师范学院副教授，文学硕士，研究方向为对外汉语教学。

受阳气，故其应用远甚于与其同山生长的雌黄。缪希雍《神农本草经》疏曰："盖以阳明虚则邪恶易侵，阴气胜则精鬼易凭，得阳气之正者，能破幽暗，所以杀一切鬼邪，胜五兵也。雄黄禀纯阳之气，所以善杀百虫蛇虺毒，及解藜芦毒也。"这或许也是医药中多用雄黄而雌黄多为颜料的原因吧。

雄黄的功能及应用主要有以下几个方面：

一、药物原料

雄黄是一种含砷成分的药物，系无机砷的一种，是常用的中药材原料，约5％的中成药中含有雄黄。长沙马王堆汉墓出土的帛书《五十二病方》（年代约为公元前3世纪末）中就已经有了雄黄作为药饵的记载："干骚（瘙）方：以雄黄二两，水银两少半，头脂一升，□〔雄〕黄靡（磨）水银手□□□□□□雄黄，孰挠之。先孰洒骚（瘙）以汤，溃其灌，抚以布，令□□而傅之，一夜一│。"《周礼》卷五《天官冢宰下·疡医》："凡疗疡，以五毒攻之。"郑玄注："止病曰疗。攻，治也。五毒，五药之有毒者。今医方有五毒之药，作之，合黄堥，置石胆、丹砂、雄黄、礜石、磁石其中，烧之三日三夜，其烟上着，以鸡羽扫取之。以注创，恶肉破，骨则尽出。"《神农本草经》卷三（成书于东汉时期，约公元前1世纪至公元1世纪）把雄黄列为中品，说它"味苦，平。主寒热鼠瘘、恶疮、疽、痔死肌；杀精物恶鬼邪气；百虫毒；胜五兵"。可见我国汉代以前的人对雄黄可以入药已有了相当深刻的认识。汉代以后的本草著述多次提到雄黄，且都有较为详细的记载。明代李时珍《本草纲目》把雄黄列为金石部。作为药物，雄黄既可以外用，也可内服：外用主要研末撒、调敷或烧烟熏等，内服多入丸用，如中成药六神丸、安宫牛黄丸、至宝丹等的处方中都有雄黄，古代辟疫方中也多含雄黄，如诸葛亮行军散、人马平安散、紫金锭等。传统医学认为雄黄具有解毒、燥湿、祛风、祛痰、截疟等作用。现代医学研究证明雄黄还具有抗肿瘤作用。大量的临床实践和基础研究表明含雄黄复方常外用治疗病毒性皮肤感染、乳痈、尖锐湿疣、银屑病、流行性腮腺炎等，含雄黄的复方制剂或单方可用于治疗恶性淋巴系统疾病、血液系统疾病等，尤其是在白血病治疗方面疗效显著。另外，一项试验研究表明雄黄"有可能用于胶质瘤的临床治疗"。随着科学技术的飞速发展，纳米技术逐渐应用于医学领域，纳米雄黄颗粒能有效地杀伤癌细胞，其效果明显比传统药剂型的雄黄显著。我们相信，雄黄必将在今后的临床应用中发挥更大的作用。

二、冶炼原料

（一）雄黄在炼丹术中的应用：可作仙药、炼丹服用

在我国，炼丹术的正式出现大约在西汉初期，秦代可能已有萌芽，到清代雍正末年为止，可谓历史悠久。经过秦始皇令方士"求不死之药""欲炼以求奇药"，尤其是汉武帝的提倡和热衷而盛行一时。《神农本草经》卷三说雄黄"练食之，轻身神仙"。《论衡·率性篇》载："然而道人消烁五石，作五色之玉，比之真玉，光不殊别。"所谓五石，一说"五石者，丹沙、雄黄、白礜、曾青、慈石也"，一说"五石者，雄黄、丹砂、雌黄、矾石、曾青也"。可以看出，不管是炼丹还是"五毒方"，雄黄都不可或缺，雄黄的重要性可见一斑。炼丹术发展到唐代进入鼎盛，上至皇帝，如晚年的太宗曾服长生药、高宗笃信长生有术、玄宗也对金丹仙药深信不疑，达观显贵如太子太保杜伏威、左金吾将军李道古、太学博士李千等皆服用所谓的仙药；下至文人方士，如卢照邻、白居易等，要么服用，要么试验炼丹，上上下下无不对服食成仙如痴如醉。宋代诸帝吸取有唐一代一批皇帝服用丹药中毒的教训，对烧丹炼药已不感兴趣，甚至对之进行了强烈的批判，至元代，炼丹术更是没落，在清代结束了1000多年的历史，走向终结。

关于雄黄可以作仙药和炼丹服用，葛洪《抱朴子内篇》第十一卷"仙药篇"有多处详细的论述。"抱朴子曰：神农四经曰，上药令人身安命延，升为天神，遨游上下，使役万灵，体生毛羽，行厨立至。又曰：五芝及饵丹砂、玉札、曾青、雄黄、雌黄、云母、太乙禹余粮，各可单服之，皆令人飞行长生。""仙药之上者丹砂，次则黄金，次则白银，次则诸芝，次则五玉，次则云母，次则明珠，次则雄黄……"（共列举了25个，雄黄排在第8位）不仅如此，还对选取作为仙药的雄黄有明确

的要求，炼丹中处理雄黄的种种方法也说得相当清楚。"雄黄当得武都山所出者，纯而无杂，其赤如鸡冠，光明晔晔者，乃可用耳。其但纯黄似雄黄色，无赤光者，不任以作仙药，可以合理病药耳。饵服之法，或以蒸煮之，或以酒饵，或先以硝石化为水乃凝之，或以玄胴肠裹蒸之于赤土下，或以松脂和之，或以三物炼之，引之如布，白如冰。服之皆令人长生，百病除，三尸下，瘢痕灭，白发黑，堕齿生，千日则玉女来侍，可得役使，以致行厨。"《南史·隐逸下·陶弘景列传》载陶弘景尤明阴阳五行、医术本草，说："弘景既得神符秘诀，以为神丹可成，而苦无药物。帝（武帝）给黄金、朱砂、曾青、雄黄等。后合飞丹，色如霜雪，服之体轻。及帝服飞丹有验，益敬重之。"

其实，雄黄煅烧后经过氧化分解为三氧化二砷（As_2O_3），即平时所说的砒霜，有剧毒，本草著述里说它"炼食之，轻身神仙"，可见是没有科学道理的。可以看出，炼丹术和方士所谓的仙方也是经不起实践和时间的检验的。不过炼丹不成，却也为我国的化学事业做出了一点贡献，也算是一种无心插柳柳成荫的行为了。

（二）雄黄在炼金术中的应用：可炼砷铜、砷锡等多种砷合金

中国砷铜合金的试炼约在西汉初年，西汉淮南王刘安撰《淮南子》、东汉方士狐刚子撰《五金粉图诀》都曾提到用雄黄得铜可作金的事情。《抱朴子·内篇》第十六卷"黄白篇"中记述了制造砷铜合金具体易行的方法："当先取武都雄黄，丹色如鸡冠，而光明无夹石者，多少任意，不可令减五斤也。捣之如粉，以牛胆和之，煮之令燥。以赤土釜容一斗者，先以戎盐、石胆末荐釜中，令厚三分，乃内雄黄末，令厚五分，复加戎盐于上。如此，相似至尽。又加碎炭火如枣核者，令厚二寸。以蚓蝼土及戎盐为泥，泥釜外，以一釜覆之，皆泥令厚三寸，勿泄。阴干一月，乃以马粪火煴之，三日三夜，寒，发出，鼓下其铜，铜流如冶铜铁也。乃令铸此铜以为筒，筒成以盛丹砂水。又以马屎火煴之，三十日发炉，鼓之得其金，即以为筒，又以盛丹砂水。又以马通火煴三十日，发取捣治之，取其二分，生丹砂一分并汞，汞者，水银也，立凝成黄金矣。光明美色，可中钉也。"砷铜合金呈金色或银色，是由砷的含量决定的，当砷含量较少时呈金黄色（即所谓的雄黄金），达到或超过10%

时则呈银白色（即所谓的雄黄银）。

《抱朴子内篇》"黄白篇"中讲到成都内史官吴大文自述昔日道士李根用锡铅炼银的事情，"煎铅锡，以少许药如大豆者投鼎中，以铁匙搅之，冷即成银"。可见西晋时已经有人在研发用锡铅化为"银"的方法了。唐代孙思邈《太清丹经要诀》有"伏雄雌二黄用锡法"，具体方法如下：需雄黄十两，研成末状，锡三两，把二者在铛中合熔，然后"出之入皮袋中，揉使碎。入甘埚中火之。其甘埚中安药了，以盖合之密固，入风炉吹之，令埚同火色。寒之，开其色如金，堪入伏火用之，佳也。"从结果来看，得到了一种含砷较多的金黄色砷锡合金。

三、其他用途

（一）用作染料

《周礼·考工记》曾讲到先秦绘画与刺绣中的"画缋之事"，即用"青赤白黑黄"五彩颜料来"画缋"。1975年陕西宝鸡茹家庄西周墓出土的丝织物上的黄色纹痕就是以雄黄着色的。四川新都县马家乡战国椁板上的橙色颜料，莫高窟西夏310洞窟、布达拉宫壁画等，经有关专家鉴定都使用了雄黄。敦煌壁画中的一些肉色颜料和红色颜料也使用了雄黄作为颜料，如喀喇库图带有菩萨形象的壁画碎片之一中的肉色颜料是雄黄与雌黄的混合物，比例大致相等，"而光圈中的颜料几乎是纯雄黄的"，塑像基底及装饰品上有两层明显的红色颜料，外部是硫化汞，下面一薄层砷的混合硫化物是雄黄和雌黄；另外，敦煌陶土跪姿菩萨像下部所涂的薄薄的红丹"可能与喀喇库图一号彩塑碎片图像上的浅红肉色并没有多大差别"或"变化很小"。又《敦煌变文》载："嚼在一边，又取雄黄及二尺白练绢，画道符吹向空中，化为一大将军，身穿金甲，阵兜鍪，身长一丈，腰阔数围。"看来道士叶净能所取的雄黄是当作颜料来用的，这也可以从文中"化作一大将军"身穿的"金甲"得到印证。

（二）制造火药

火药是中国古代的四大发明之一，约出现于9世纪末或10世纪初。

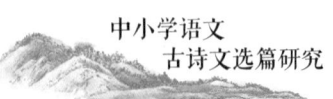

火药最初由硝石、硫黄（雄黄、雌黄）和木炭组成。雄黄是火药的主要原料之一。火药的发明与炼丹炼金术密切相关。托名为郑思远撰的炼丹书《真元妙道要略》中记载一次爆炸烧伤事件时说："有以硫磺、雄黄合销石并密烧之焰起，烧手面及烬屋舍者。"

随着科学技术的发展，雄黄在工业上的应用范围逐渐扩大。雄黄的主要成分是四硫化四砷，经光化、氧化后的具有强烈的毒性，可以用作防腐剂。在美国，95%以上的砷是以三氧化二砷的形态消费的，其中用于木材防腐的占 90%。2000 年，美国消费约 15 吨的高纯砷用于生产半导体。高纯砷主要用于高科技领域，用来生产砷化镓（GaAs）。GaAs 芯片是移动电话的重要材料，GaAs 器件的工业应用如汽车自控驾驶装置和高速测量设备等，还可用于商业通信、军事、光电等领域。纯度为 99%的砷用于添加剂来提高铜合金、铅合金的强度及抗蚀能力。我国广西柳州木材防腐剂厂直接用砷酸铜防腐木材，事实证明效果也很好。此外，雄黄也是用于制作烟花、爆竹、蚊香、皮革脱毛剂的原料，还用于制作玻璃澄清剂、褪色剂等。成书于公元前 2 世纪的《淮南万毕术》载："夜烧雄黄，水虫成对来。"注曰："水虫闻烧雄黄炎气，皆趋火。"《抱朴子内篇·登涉》载有人询问在深山大泽隐居如何躲避毒蛇的方法时，"或问隐居山泽辟蛇蝮之道。抱朴子曰：昔圆丘多大蛇，又生好药，黄帝将登焉，广成子教之佩雄黄，而众蛇皆去。今带武都雄黄，色如鸡冠者五两以上，以入山林草木，则不畏蛇。蛇若中人，以少许雄黄末内疮中，亦登时愈也。"

事物都有其两面性，对此我们应该有个正确的认识。上面我们谈了雄黄的主要用途，主要是从正面来看待的，不过雄黄毕竟有毒，所以在实际运用中（尤其是当作药饵时）应小心为上。

参考文献

[1] 祝世峰. 漫画神农本草经（第 2 卷）[M]. 北京：农村读物出版社，2003.

[2] 关君等. 雄黄主要成分的考证[J]. 北京中医药大学学报，2010（9）.

[3] 任廷革点校. 黄帝内经素问（新校版）[M]. 北京：人民军医

［4］袁珂校注. 山海经校注（增补修订本）［M］. 成都：巴蜀书社，1992.

［5］孙星衍，孙冯翼辑. 神农本草经［M］. 北京：人民卫生出版社，1963.

［6］李昉等. 太平御览（卷九八八·药部五·石药下）［M］. 张元济等撰. 四部丛刊本（三编子部）［Z］. 上海：上海书店出版社，1985.

［7］柳长华. 李时珍医学全书［M］. 北京：中国中医药出版社，1999.

［8］缪希雍著，郑金生校注. 神农本草经疏［M］. 北京：中医古籍出版社，2002.

［9］张明发，李淑君. 雄黄和含雄黄中成药再认识［J］. 中国执业药师，2008（2）.

［10］马王堆汉墓帛书整理小组. 马王堆汉墓帛书·五十二病方［M］. 北京：文物出版社，1979.

［11］郑玄注，贾公彦疏，彭林整理. 周礼注疏［M］. 上海：上海古籍出版社，2010.

［12］顾观光辑，杨鹏举校注. 神农本草经校注［M］. 北京：学苑出版社，1998.

［13］林海等. 雄黄抗癌作用的研究进展［J］. 中国实用医药，2007（13）.

［14］刘嵘，濮德敏. 雄黄的研究进展［J］. 时珍国医国药，2007（4）.

［15］庞琦等. 雄黄治疗胶质瘤的初步试验研究［J］. 山东大学学报（医学版），2006（4）.

［16］司马迁撰，裴骃集解，司马贞索引，张守节正义. 史记［M］. 北京：中华书局，1959.

［17］王充著，陈蒲清点校. 论衡［M］. 长沙：岳麓书社，1991.

［18］周嘉华，赵匡华. 中国古代化学史古代卷［M］. 南宁：广西教育出版社，2003.

［19］葛洪著，吴敏霞译. 白话抱朴子内篇［M］. 西安：三秦出版社，1998.

［20］李延寿. 南史［M］. 北京：中华书局，1975.

［21］王奎克等. 砷的历史在中国［J］. 自然科学史研究，1982（2）.

［22］张君房纂辑，蒋力生等校注. 云笈七签［Z］. 北京：华夏出版社，1996.

［23］李也贞，卢连成，赵承泽等. 有关西周丝织和刺绣的重要发现［J］. 文物，1976（4）.

［24］李钟模. 中国雄黄应用简史［J］. 化工之友，2001（3）.

［25］罗瑟福·盖特斯. 中国颜料的初步研究［J］. 江致勤，王进玉译. 敦煌研究，1987（1）.

［26］黄征，张涌泉. 敦煌变文校注［M］. 北京：中华书局，1997.

［27］王小波等. 含砷烟尘做玻璃澄剂清的研究［J］. 环境科学研究，1995（3）.

［28］肖竺. 湖南石门雄黄矿物药材特点与开发利用研究［J］. 湖南中医药导报，2000（7）.

［29］李飞. 砷的应用及前景［J］. 有色金属工业，2003（1）.

［30］田文增等. 有色冶金工业含砷物料的处理及利用现状［J］. 湖南有色金属，2004（6）.

［31］刘安撰，孙冯翼辑. 淮南万毕术［M］. 北京：中华书局，1985.

释"檗、蘗、柏"
——从"黄檗"说起

张春秀　谭　竹

摘　要：本文对"檗""蘗""柏"等几个字的音、形、义进行了梳理和辨析，指出了这几个字混淆的原因。

关键词：檗；蘗；柏

黄檗亦作"檗（蘗）木""黄蘗""黄蘗""黄柏""黄薜"等，其中"檗"字可以有几种写法，如蘗、蘗、柏、薜等，它们之间的关系是怎样的？到底哪一个是本字呢？

檗，黄木也。从木、辟声。博厄切，入声，麦韵，帮母，读音为bò。《说文》中无"蘗"，《广韵》在"檗"字条注俗作"蘗"，可见"蘗"是"檗"的俗体。《说文》段注在"檗"字条下也指出"俗加'艸'，作'蘗'，多误为'蘗'"。

《康熙字典》辰集中木字部檗条，云《唐韵》《集韵》《韵会》《正韵》博陌切，音伯。引《本草》檗，或作蘗。《类篇》蒲历切，音梐，

---

① 基金项目：黔南民族师范学院高层次人才研究专项项目"敦煌变文名物辑释"（编号：qnsyrc201812），黔南民族师范学院语言学及应用语言学提升计划项目校级重点学科（编号：QNYSXXK2018013），黔南民族师范学院语言学及应用语言教学团队项目 2017 年校级一流团队项目教改课题（编号：2017xjg0303），黔南民族师范学院硕士生导师基金项目"部编本语文教材古诗文群文阅读研究"（编号：QNSYDSPY010）。本文发表于《新作文·教研版》2021 年第 12 期。

② 谭竹，黔南民族师范学院文学与传媒学院 2020 级学科教学硕士研究生，研究方向为学科语文。

盘也。从槃，櫱非。并指出櫱的本字为木献。木献，伐木余也。从木、献声。……或从木辥声。五葛切，入声，薛韵，疑母，读音为 niè。义为树木砍伐后从残存茎根上长出的新芽，泛指植物由茎的基部长出的分枝，引申为开端、萌生。举例如下。《尚书·盘庚上》"若颠木之有由櫱"。《诗·商颂·长发》"苞有三櫱，莫遂莫达"，毛亨传"櫱，余也"，孔颖达正义"櫱者，树木于根本之上更生枝余之名"。《孟子·告子上》："是其日夜之所息，雨露之所润，非无萌櫱之生焉，牛羊又从而牧之，是以若彼濯濯也"。《国语·鲁语上》："且夫山不槎櫱，泽不伐夭……古之训也"，韦昭注"以株生曰櫱"。西汉汉文帝后二年（即公元前162年），汉文帝"诏吏遗单于秫櫱"等物"以图长久"，"秫櫱"即发芽的谷物，制为曲以当造酒的酵母，所以又称曲櫱。张衡《东京赋》："坚冰作于履霜，寻木起于櫱栽。"《汉书·枚乘列传》："夫十围之木，始生如櫱，足可搔而绝，手可擢而拔，据其未生，先其未形也。"师古曰："如櫱，言若櫱之生牙也。"词语"分櫱"的意思就是指禾本科等植物在地面以下或接近地面处所发生的分枝。可见黄檗亦作"黄櫱"的说法是错误的。《神农本草经》有些版本也是混淆不清，以至于把"檗"作"櫱"。如《神农本草经·上经》目录列为"櫱木"，正文为"檗木"，并引颜师古云"櫱，黄薜 bì 也"，"薜"应为"薛"才对；《敦煌变文集新书》和《敦煌变文选注》均作"黄櫱"，项楚注为"常绿乔木，外皮白色，内皮深黄，味苦入药"；而《神农本草经校注》直接列的就是"檗木"，并在校勘第一条里注明"檗（bò）木，《图考长编》作黄櫱"，语译和按语中用的都是"櫱"字。一些字典、词典、文献和论文不加辨别，将错就错，错错沿用就更不足为奇了。

再说"柏"字。黄檗俗称"黄柏"，《汉语大词典》《中国古代名物大典》及《现代汉语词典》（修订本）等词典中皆如此，一些论文和文献也多采用此种说法。《说文》释柏："鞠也。从木、白声。博陌切。鞠：踏鞠也。从革、匊声。居六切。"可见"鞠"与"柏"不同义。《尔雅》云："柏，木名，同'椈'。"字典、词典中列有三个读音：常见的读音 bǎi，如松柏、柏树等；bó，用于外国语音译，如柏林、柏拉图等；同"檗"bò。李时珍《本草纲目》认为"俗作黄柏者，省写之谬也"。张舜徽《说文解字约注》认为"俗作黄柏，乃由音近而讹"。于广元从"语音规范"和"词汇规范"的角度也认为已经有两个读音的"柏",如果再专门为"檗"立一个音 bò,"这样处理是不妥当的"。

综上所述,我们可以理出这几个字何以用混的原因:檗(本字)—蘖(俗字)—柏(李时珍:省写之谬;张舜徽:音近而讹;于广元:柏负担太重)—薜(省写之误)—蘗(形近,音义与檗都不一样)。"蘖"是"檗"的俗写,在"檗"的基础上加了"艹",成为汉字繁化的一种现象;"柏"字用为"檗"完全是省写之误,明代李时珍已经指出,不过后来错错沿用,至今仍在错用;"檗"与"蘗"音、形、义都不一样,错误的原因是"蘗"与"檗"的俗写"蘖"形近而误,所以很多古籍、字典、词典、辞书等皆不辨形体,以至错错相用;至于"檗"字用为"薜"字,可能是俗写"蘖"的省略,也可能是"蘗"的省写之误。总之,字由音、形、义三部分组成,忽视其中一个方面就会造成错误。

参考文献

[1] 许慎著,徐铉校定. 说文解字(附检字)[M]. 北京:中华书局(影印本),1963.

[2] 陈彭年等. 宋本广韵[M]. 南京:江苏教育出版社,2008.

[3] 许慎撰,段玉裁注. 说文解字注[M]. 上海:上海古籍出版社,1981.

[4] 张玉书等编撰,王引之等校订. 康熙字典[Z]. 上海:上海古籍出版社,1996.

[5] 孔安国传,孔颖达疏. 尚书正义[M]. 北京:北京大学出版社,1999.

[6] 毛亨传,郑玄笺,孔颖达疏. 毛诗正义[M]. 北京:北京大学出版社,1999.

[7] 赵岐注,孙奭疏. 孟子注疏[M]. 北京:北京大学出版社,1999.

[8] 韦昭注,明洁辑评. 国语[M]. 上海:上海古籍出版社,2008.

[9] 司马迁;裴骃集解,司马贞索隐,张守义正义. 史记卷[M]. 北京:中华书局,1959.

[10] 严可均. 全上古三代秦汉六朝文·全后汉文 [M]. 北京：中华书局，1958.

[11] 班固撰，颜师古注. 汉书 [M]. 北京：中华书局，1962.

[12] 吴普等述；孙星衍，孙冯翼辑. 神农本草经（及其它一种）[M]. 北京：中华书局，1985.

[13] 顾观光辑，杨鹏举校注. 神农本草经校注 [M]. 北京：学苑出版社，1998.

[14] 潘重规. 敦煌变文集新书（卷2） [M]. 台北：文津出版社，1984.

[15] 项楚. 敦煌变文选注（增订本） [M]. 北京：中华书局，2006.

[16] 郭璞注；邢昺疏. 尔雅注疏 [M]. 北京：北京大学出版社，1999.

[17] 于广元. 说"蘗"和"蘖"——兼说"黄檗"和"黄柏"[J]. 语文建设，1999（5）.

"云"的前世、今生和未来[1]

张春秀　卢巴军[2]

摘　要：本文梳理了"云"的前世和今生，指出云与雲为古今字、雲与云为繁简字、云与员为通假字、雲与贾为异体字，以期对"云"字、"云"形、"云"义、"云"发展等有个比较深刻的认识和理解。

关键词：云；雲；古今字；通假字；异体字

"云"，古今都是一个常用字，随着时代的发展变化，在使用过程中出现了分化和孳乳。"云"的词义有本义、假借义、引申义、象征义、比喻义等，可以作为名词、动词、形容词、代词、助词、连词等。1956年国家开始分批发布使用简化字，雲和云合二为一，简化成"云"，含"雲"的字同时也作相应的简化。其实，现在的"云"字包含了"云"和"雲"两个字。下面我们来梳理一下"云"的前世和今生，以期对"云"字、"云"形、"云"义的发展脉络有比较清晰的认识和理解。

一、"云"的前世

"云"，象形字，是"雲"的古字，表示气团在天空中漂浮。甲骨文作"ゔ"或"ゔ"，其中〓代表天，ら代表气流，合起来表示气流在天

---

[1] 基金项目：本文为黔南州2021年教育科学规划课题立项项目"统编语文教材古诗文选篇语言文字教育研究"（项目编号：2021B009）阶段性成果之一，黔南民族师范学院高层次人才研究专项项目"敦煌变文名物辑释"阶段性成果之一（项目编号：qnsyrc201812）。本文发表于《作家天地》2022年第5期，收入本书有删改。

[2] 卢巴军，黔南民族师范学院教职工。

上流动。金文"🄰"或🄱、篆文🄲皆承甲骨字形。籀文🄳写成舒卷的气流状，突出流动的形象。《说文·雲部》："雲，山川气也，从雨，云象雲回转形。凡雲之属皆从雲。🄲，古文省雨。🄳，亦古文雲。"可以看出，《说文》说"🄲，古文省雨"是不恰当的。其实"云"假借为"说"义，属于本无其字的假借，即造字的假借，表示假借义的"云"反倒成了通常的用法，而为了把假借义和本义区别开来，后另加"雨"在"云"上成为"雲"字，来表示"云"的本义，"云"与"雲"遂成为古今字。

另外，"云"和"员"在上古都属匣母、文部、平声，音同可以通假，"云"和"员"为本有其字的假借，即用字的假借，属于通假字关系。《说文·雲部》段注："亦假员为云，如景员维何，笺云：'员古文作云'。……云员古通用，皆假借风雲字耳。"

雲与霣为异体字关系。《说文·雨部》："霣，雨也。齐人谓雷为霣。从雨，员声。一曰，云转起也。"段注曰："别一义，雲回转而起名之霣者，略与雲同音也。古文云作员。"

"云"，在古代非常常用，可以作名词、动词、形容词、代词、助词、连词等。举例如下：

地气上为云。（《素问·阴阳应象大论》）

英英白云，露彼菅茅。（《诗·小雅·白华》）

天油然作云，沛然下雨。（《孟子·梁惠王上》）（以上例句"云"作名词）

云不可使，得罪于天子？（《诗·小雅·雨无止》）

子夏云何？（《论语·字张》）

云能，则必为乱。（《荀子·儒效》）（以上例句"云"作动词）

齐子归止，其从如云。（《诗·齐风·敝笱》）

黄帝得之，以登云天。（《庄子·大宗师》）

威武纷云。（《汉书·司马相如传》）（以上例句"云"作形容词）

子之言云，又焉用盟。（《左传·襄公二十八年》）

汲、郑亦云，悲夫！（《史记·汲郑列传》）

民人俗语曰："即不为河伯娶妇，水平漂没，溺其人民"云。（西汉

褚少孙《西门豹治邺》）（以上例句"云"作代词）

子之不淑，云如之何？（《诗·鄘风·君子偕老》）

日云莫矣，寡君须矣，吾子其入也。（《左传·成公十二年》）

汉本其故号，言大月氏云。（《后汉书·西域传》）（以上例句"云"作助词）

及管夷吾有病，小白问之曰："仲父之病疾矣，可不讳。云至于大病，则寡人恶乎属国而可？"（《列子·力命》）（以上例句"云"作连词）

上面的例子除了作名词的云可以写作"雲"，其他词性的"云"都不能写作"雲"。"云"和"雲"有两套发展体系，在古代正式的文稿中，"云"表达的大多是"说"的意思，古书中云"谓"的"云"和云雨的"雲"有明确的分工，是两个字，不能混用。但"雲"简化成"云"以后，两字已经混用。

二、"云"的今生

1956年1月31日《汉字简化方案》公布，2月1日起正式分批推行简化字。1964年3月7日《简化字字总表》公布，共有3个表。1986年10月重发《简化字总表》，共有2235个简化字及14个简化偏旁。在总表的第二表里，雲简化成"云"字。同时，通知还说明字里面含"雲"的也相应简化成"云"。现在的"云"字实际上包含云、雲两个字。"雲"与"云"形成了繁简字的关系。

现将含有"云"的字统计如下：云、郧（鄖）、沄、芸、妘、纭、耘、抎、运、酝、动、囩、贠、叆、荟、昙、会（今作阴）、层、尝、偿、伝、会、魂、坛、育、眃、枟、秐、畇、呍、忶、凤、烩、浍、瑗、瑔（鼷，异体字）、転（同转，日本汉字）、壜（古同坛）、飌、韇、甄。

以上含"云"的字有的《说文》里有，有的没有。《说文》中"云"族字有纭、耘、妘、芸、魂、会、抎、沄、贠、囩、葓（荫）等，这些字里的"云"一般不能写成"雲"（说明：个别字如果写成"雲"，就是两个字）。《说文》中"雲"族字有雲、䨶、靅（或霠）（即现在的阴）、澐、昙等，这些字里的"雲"一般不能写成"云"（说明：个别字

如果写成"云",就是两个字)。

实际上,现在简化字中含有"云"的字以前没有"云"或"雲",如层(層)、尝(嘗)、偿(償)、动(動)、会(會)、荟(薈)、坛(壇)、酝(醞)、运(運)、邧(鄆)、育(上面的"云"其实是倒着的"儿")等。而《说文》里本来含"云"的字后来简化时反倒没了云,如陰简化成了阴、蔭简化成了荫。

随着互联网的快速发展,"云"产生了比喻用法,表示虚拟、网络、互联网及与其有关的意义,出现了一批"云"族词,如云××、云×××、云×、××云,举例如下:

云××:云计算、云储存、云存储、云电脑、云平台、云技术、云服务、云购物、云录制、云游戏、云陪伴、云宣传、云谈判、云对接、云签约、云合同、云磋商、云会议、云通话、云电话、云闪付、云通讯、云呼叫、云恋爱、云男友、云女友、云分手、云吵架、云配偶、云伴侣、云夫妻、云老公、云老婆、云喝酒、云聊天、云吃饭、云握手、云唱歌、云叫醒、云提醒、云鼓舞、云被骂、云面试、云市场、云考证、云穿越、云打卡、云主机、云生态、云时代、云帮手、云传播、云阅读、云答辩、云搜索、云引擎、云网站、云之旅、云养猫、云祭祀、云缅怀、云孝子等;

云×××:云服务器、云数据库、云栖大会等;

云×:云盘、云化、云卡、云网、云上、云听等;

××云:电子云、阿里云、移动云、公有云、私有云、混合云、政务云、腾讯云、中国云、智能云、万兆云、亿速云等。

三、"云"的未来

"云"的比喻意义其实是一个个大规模的信息或数据系统,与网络有关,即互联网与建立互联网所需要的底层基础设施的抽象体,如人工智能、大数据、区块链、超高清、5G 技术、基因工程、虚拟现实技术、无人机、物联网、移动互联网等。

互联网 1969 年 12 月在美国开始联机,主要用于军事方面。1983年,美国国防部将阿帕网分为军网和民网,渐渐扩大成了今天的互联网。1987年9月20日，北京大学钱天白教授发出我国第一封电子邮件"越过长城，通向世界"，拉开了中国人使用互联网的序幕。1990年互联网进入普通家庭，1994年3月中国加入互联网，并在同年5月完成全部中国联网工作。1995年5月，张树新创立了第一家"瀛海威"互联网服务供应商，自此以后，中国的普通百姓开始进入互联网络。1997年我国互联网进入快速发展阶段，尤其是2000年以后，从2G到3G、4G，到今天的5G，从2K到4K再到8K的高清分辨率，速度日新月异，不断更新换代。2004年中国的电子商务开始真正发展，2009年至今为稳定期。

现在的抖音、快手、直播带货、各种应用程序、各种移动终端、网购、网课、慕课、视频、音频等无处不在，线上线下，人和网络基本融为一体。随着5G技术的运用，人类命运共同体日渐形成，每个国家、每个民族都将是你中有我、我中有你，真正形成各美其美、美人之美、美美与共、天下大同的局面，人和网络将共生、共存、共融、共享语言和文字，云传播、云时代已经到来，完美的云生态将指日可待。

小　结

以上对"云"字、"云"形、"云"义等进行了分析，梳理了"云"的前世和今生，指出了云与雲为古今字、雲与云为繁简字、云与员为通假字、雲与霣为异体字，以期对"云"字、"云"形、"云"义、"云"发展等相关问题有一个比较全面的了解和认识。

参考文献

[1] 段玉裁. 说文解字注［M］. 北京：中华书局，2013.

[2] 陆宗达，王宁. 古汉语词义答问［M］. 北京：中华书局，2018.

[3] 商务印书馆辞书研究中心修订. 古代汉语词典［Z］. 北京：商务印书馆，2014.

[4] 汤可敬译注. 说文解字（第四册）　［M］. 北京：中华书局，2018.

［5］王纪波．"魂"中岂能有"雨"［J］．咬文嚼字，2021（4）．

［6］王力等．古汉语常用字字典［Z］．北京：商务印书馆，2016．

［7］王力．古代汉语常识［M］．北京：中华书局，2020．

［8］王力．古代文化常识［M］．北京：中华书局，2021．

［9］王力．古代汉语（校定重排本第2册）［M］．北京：中华书局，2018．

［10］许慎撰；徐铉等校定．说文解字（附音序、笔画检字）［M］．北京：中华书局，2013．

［11］中国社会科学院语言研究所词典编辑室编．现代汉语词典［Z］．北京：商务印书馆，2016．

后 记

本书共收录了 24 篇与中小学语文教材古诗文研究相关的文章，其中研究高中语文教材的文章有 10 篇、研究初中语文教材的文章有 6 篇、研究小学语文教材的论文有两篇，另外，附录部分的 6 篇文章与字词考释有关。

全书由张春秀、孙昌营统筹、校对。感谢 2019 级的研究生张婷、吴敏，2020 级的研究生刘美霞、李杰、谭竹、石倩，2021 级的研究生陆光梅、王姣姣，2016 级、2017 级、2018 级的本科生李路、孙铵、梁婷婷、何小兰，感谢秦越、王伶俐、孔杰斌、陈贵芬等几位师友提供的帮助，是你们百忙之中的辛苦和付出，才让本书能够顺利完成。感谢黔南民族师范学院文学与传媒学院领导的大力支持和帮助，感谢洪硕、陆光梅、王姣姣、马栩、杨宇婷、陈奎、曾艳、罗廷迷等几位同学在艰难困苦的时刻对我的陪伴，感恩每一个关心和支持我的人，感恩遇到的一切人和事。

由于作者写作水平参差不齐，书中错谬一定不少，敬请读者指正。

张春秀感于都匀东来尚城
2023 年 10 月 23 日